天下文化

BELIEVE IN READING

就怕平庸
成為你
人生的注解

歐陽立中——著

溫暖推薦

生活需要熱情。夢想需要實踐。關係需要經營。歐陽老師的文字是行動雞湯，讓你充滿能量，勇於為人生加上新注解。

——余懷瑾（仙女老師）

不甘平庸，怎麼辦？作者以教師身分、以過來人之姿，反覆叮嚀：正向、上進、勤奮、博覽、思辨、鏈結、行動、體驗、厚積、創意、突破、超越……，才能真正「擺脫平庸」，走向不凡。

——張輝誠（學思達創始人）

推薦序

強大的人這樣努力，給了我們最佳模範

沈雅琪（神老師&神媽咪）

我收到很多新書推薦文邀約，常常得用太忙這個理由婉拒，其實真正的理由是國文底子太差，詞藻太華麗的、太文言的、詞句太深奧的、太專業的……我不好意思跟來請託的編輯說實在是因為我看不懂，每讀一句都得絞盡腦汁去思考文字代表的意義，有時得在腦中用白話翻譯，才能夠一知半解，對工作量大、時間很有限的我來說太吃力。

但是我好愛歐陽老師的文章，只是要寫這篇推薦文，實在讓人忐忑。歐陽老師的文筆極好，常常讓我自嘆不如，怎麼能把一場接力賽跑寫得讓人大汗淋漓？讓人跟著故事中的孩子們一個一個超越敵手而緊張到心臟快速跳動？要為這麼會寫的作者寫推薦文，我很擔心在歐陽老師的場子裡曝短。

我最愛看歐陽老師寫的故事，像是〈我想念的，是那無數乏味的練習〉這一篇，看得很過癮，老師總是描述到位，寫得歷歷在目，寫得生動有趣，讓人身歷其境，我就像是在現場跟著歐陽老師練習投籃、練習傳球、練習螃蟹步……讀起來讓人捨不得中斷，心情隨之起伏。

一篇文章，能夠讓人一邊看著一邊緊張著、笑著、掉淚、皺眉、跟著怒了……我想那就是一篇成功的文章了。

我喜歡〈跟孩子談習慣，只要一瓶水〉的故事。當導師，最難的就是孩子們習慣的建立，現在的孩子不能罵不能罰，尤其是面對半大不小的高中孩子，要如何讓孩子們心服口服、主動去把自己該做的事情做好呢？歐陽老師不是唸經也不是處罰，他用一瓶水，讓孩子們去反省自己做事的態度，提醒學生在小事著眼，不能因為壞習慣，任由自己的形象和信用如被刺穿的水瓶一樣，流失殆盡。對於大孩子，有時這樣一個深刻的體驗，勝過我們說破嘴皮。

我很愛歐陽老師一句句深入人心的金句，讀著，也重擊著腦袋，不斷的為歐陽老師的良言震撼。

「你以為的天分，往往是強者的單調練習。」

「所謂成長，不過是在無數平凡時刻，有紀律的進行乏味的練習。」

「很多時候，這世界在意的，根本不是你做得好不好，而是，你真的去做了嗎？還是還沒做，就死在自己的嘴裡了？」

「傻勁，是世間最珍貴的資產。」

「別讓現在的安逸，成為未來的遺憾。」

讀歐陽老師的文字沒有一點壓力，不因為寫作能力強大而咬文嚼字、賣弄寫作技巧，老師的文章中常常運用各種方式譬喻，運用得恰如其分，讓人腦中更有畫面，也常常因為形容貼切，讓我捧腹大笑；適時的引經據典，沒有讓人陷入茫然，卻更能了解文章的含義。

在歐陽老師幫我的書所寫的推薦文裡看到這句：「我們帶的是無法控制的潑猴？還是神通廣大陪伴我們西天取經的孫悟空？」讓身為老師的我忍俊不住，怎能把為人師的感受和處境用兩句話形容得如此貼切？

歐陽老師的課程分享也讓人驚豔，光是一篇古文，老師透過各項活動和引導寫作，帶著學生思考和想像，分組去討論和研究寫作的背景，揣摩作者創作時的背景、感受和想法。能夠把課程上得這樣活潑有趣，背後需要多少的努力準備、多麼用心的規畫課程，才能讓二十幾個高中孩子願意放下手機投入學習？我很想去旁聽歐陽老師的國文課，如果我高中時能遇見歐陽老師，當年的我大學聯考國文成績是不是就能脫離低標？

歐陽老師的底子極強，師大畢業、台大中文研究所碩士，可想而知老師的中文造詣多強。即便如此，歐陽老師的自律和努力，實在讓人敬佩，他說：「沒時間、沒靈感、怕被笑……但我就這麼去做了，天天寫，維持了三年，直到寫作成為我的反射動作。」長達三年每天努力寫作，沒有一天怠惰，強大的人這樣努力，給了學生和閱讀文章的我們最佳模範。

推薦序

爆文教練／暢銷作家背後的祕密

林怡辰（彰化縣原斗國小教師）

打開歐陽立中老師的臉書頁面，每天都忙碌得不得了，一下子有爆款長文，一下子是直播預告，一下子又有書評分享，無私分享其他臉友的文章，還有教學文章，更可怕的，還常常有他去幫別人上課的分享、讀書會的紀錄、他去上課精進的心得……你看著看著，忍不住想：這個人到底有多少精力、多少時間？

再細看，爆款長文含金量高，不管是自我學習或是書寫技巧，都讓人忍不住想按讚留言加分享；直播才聽他在說想要取什麼節目名稱，轉眼已經去上過課，等級升級，還邀請其他老師對話，實在令人驚豔；書評每每都讓人想記錄存底，等待一次購入；上課、讀書會等，我也是那個按下「報名鍵」的人。量多且精，在歐陽老師的文章分享中，你都可以感受到，跟著他學習，會讓自己有更好的盼望，彷彿跟著做，就可以看見璀璨未來在眼前，偶爾他回你訊息，還讀得出濃濃激勵和關心，叫人怎麼不著迷且跟上？

可是，我們往往都只看到成功的表面，而在這些爆文和含金量高的內容背後的祕密，都在這本《就怕平庸成為你人生的注解》中。

身為高中教師的他，每天有大部分時間和學生在一起，高中學生自主性高、自我意識強，沒有信任和他們連結，是不會讓他們服氣的。但在書中，你讀著讀著，眼眶不禁熱了起來。

〈別讓孩子的玩笑非法入境〉不怕和孩子起衝突，也想教孩子正確的事；和高中生家長玩闖關遊戲，一次溝通教學和輔導兼顧的〈為什麼你們家長日在玩LINE？〉；有趣有效又有互動的〈暑假賓果，開學不辭窮〉；說起人生課題，〈傻勁，是世間最珍貴的資產〉、〈別說了難，就心安理得放棄了〉一字字力道十足，讀完更是字字打在心上。

其他師長們常見的困難，舉凡大隊接力練習、學生閱讀沒有動力、參訪走馬看花、學習因單薄而無法運用產出……歐陽都有他獨特的方式和學生溝通。就連一瓶簡單的礦泉水，也能拉近和孩子的距離，讓他們感受信用漏水的實體感，在課堂上被激勵，留下深刻的痕跡。

而高中國文老師、學生面對古文興趣缺缺，是歐陽用龐大的外掛，讓文章、人生、學生無縫接軌；幫張愛玲做履歷健檢、論語版選舉公報，連小編的文章、全聯的廣告都可以轉化成校慶的文案……學生處處被雕琢及賞識，得獎當然不在話下，過程和祕訣都無私寫在書裡呀！

這樣的一本教學分享，誠摯推薦給身為家長和教師的您，不管年齡大小、身分為何，從閱讀中，看見一位教學者的用心，用孩子年輕的語言，痛快、有效又有趣的學習，無限轉化成青勝於藍的能量，展翅高飛啊！

那剛說爆文和含金量高的內容背後的祕密呢？身為一位高中老師，工作上每個學生都全力以赴，一絲一毫的細節都真心相對，將自己的人生活成一個個精采的故事，就連委屈還是挫折都開心說著：「每個突如其來的挑戰，都會是人生最棒的故事。」

這些是歐陽看不見的冰山下啊！

這本書的最後一個部分是關於老師的人生體驗，也透露出些許端倪：「寫作是日常，爆文是驚喜，而日常才是生活的本質。」我們看見的爆文和羨慕，其實是歐陽以無盡的日常點滴堆疊而來的驚喜。而書末最後一篇，有歐陽不斷進化的真相，就留待您自己去讀，收下歐陽熱情無私的分享吧！

推薦序

問題本身不是問題，如何面對問題才是問題

郭進成（高雄市英明國中公民教師、《學思達與師生對話》作者）

這是一本我想在十年前就看到的書。

理由待會再跟你詳說，我想先問問各位，你對「老師」的想像是什麼？如果請你用三個詞來描述老師的工作，你會用什麼詞彙來形容？需要耐心的？日復一日的？盡忠職守的？還是半獸人馴獸師？

我在立中的書裡，看見他重新定義了老師這份工作！他將老師這份工作的想像邊境，拓展得更寬闊、更豐富了。

現在仔細說說，為何這是一本我想在十年前就看到的書！

記得大概是在二〇一〇年前後，我開始想要改變單向講述的傳統教學，心中渴望的課堂風景，是孔子和弟子們自在的師生對話場景；期許自己有一天也可以讓課堂充滿師生對話共學的氛圍。但是該從何改變呢？

為了幫助自己調整教學，那段時間我甚至著魔的自費買了兩台攝影機：一台架設在教室後面，專拍我的教學，另一台則架設在講台旁，拍學生的課堂反應，甚至還會在學生上台報告時，手持攝影機拍下學生的報告歷程。

課程結束後，我會一個人待在教室播放影片，仔細觀察課堂的狀況，思考我還可以如何調整？怎麼做會更好？

課堂錄影雖然讓我看到自己的課堂慣性和教學盲點，但很多時候就算我知道教學發生了什麼問題，卻感到孤立無援，不知如何改善，只好努力參加各種研習和工作坊，或大量閱讀各種教育和教學的書籍。

這些年的摸索歷程十分艱辛，因此看見立中這一本書，真是讓人欣喜若狂！

書中巧妙示範教學創意，例如在〈〈燭之武退秦師〉——讓想法飛一會兒〉這篇文章，立中讓學生扮演國際談判大師，思考國際外交弱國如何在兩強縫隙間求生存。不僅引導學生閱讀文本，更創造戲劇情境，讓學生融入其中，使學習更為深化。

此外，這更是一本新世代導師帶班的武功祕笈，很多導師可能束手無策的班級問題，立中卻能以氣定神閒的態度應對，再運用令人拍案叫絕的策略，輕鬆化解班級經營的困境或危機。例如〈跟孩子談習慣，只要一瓶水〉一文，透過道具的運用，讓每個學生清楚看到個人的壞習慣，如何在時光的流逝中，耗盡自己的信用。

不只如此，我更發現這本書完全是「素養教學」的具體範例！

當我們期待學生能夠擁有解決問題的能力，從而成為終身學習者時，教師是否可以先自我檢視：自己在遇到班級與教學問題時，有沒有解決問題的能力？成為教師後，是否也在不斷的自我成長呢？

如果主管、家長或教師，一遇到生命現場的工作挑戰或人際互動問題，就忍不住以叨念、說教的慣性方式來應對，又如何能夠說服新的世代，以更有創意的方式應對人生的問題呢？

舉例來說，很多老師希望學生能夠熱愛閱讀、廣泛閱讀，但除了勸說以外，有沒有更好的方式來幫助學生接觸經典作品呢？立中在書裡不是採取勸說的方法要求學生閱讀，而是透過「班級讀書會」的策略，搭鷹架協助學生接觸一本又一本的好書。

立中在書裡呈現了一種具體且貼近教學現場的學習轉化歷程，極具說服力的體現何謂真正的終身學習，如何讓學習由知識獲得、建構意義乃至成為遷移運用的實踐者。

多數老師都是主動積極的學習者，但如何將自身內化的學習能量轉化為教學的行動？「心動」與「行動」之間，橫亙著一條很大的鴻溝。

立中以一篇又一篇的故事，說明他從書籍或各種工作坊獲得廣泛的學習與啟發時，如何即知即行的轉化、運用在自己的教學現場。這些心動與行動的歷程是非常珍貴的，可以讓所有人參考與學習，唯有經過親自實踐，我們才可能引導下個世代走向素養學習。

畢竟，我們沒有辦法教給別人我們所沒有的東西！

目錄
contents

推薦序

作者序

PART ONE

我們曾一同將青春的戰歌擊出永恆

PART TWO

別讓現在的安逸，成為未來的遺憾

PART THREE

翻轉你的腦袋，別只活在古人的影子裡

PART FOUR

文學不必高深莫測，正是時候玩文字

PART FIVE

從今以後，我們與平庸分道揚鑣

作者序

曾經，你眼裡是有光的

電影《型男飛行日誌》中，喬治．克隆尼飾演一位資遣專家，專門負責跟即將被公司資遣的員工進行談判，這絕對是最顧人怨的工作，但他總能全身而退。有一次，他跟一位叫做鮑伯的員工談判。

喬治．克隆尼：「鮑伯，你是不是很重視孩子們敬佩你？」

鮑伯：「當然。」

喬治．克隆尼：「但是，我懷疑他們是否真的敬佩過你？」

鮑伯愣了一下，顯然他沒想過這個問題。
喬治．克隆尼接著說：「你知道小孩為什麼喜歡運動員嗎？」
鮑伯搖搖頭說：「不知道。」
喬治．克隆尼堅定的說：「小孩喜歡運動員，是因為他們勇於追求夢想。」
鮑伯再次愣住，他不知道有多久沒聽過「夢想」這個詞。
喬治．克隆尼眼見鮑伯冷靜下來，開始理性分析：
「你的履歷表寫道，你曾進修法國料理。人家多半去麥當勞打工，但你竟然選擇去鬥牛士西餐廳磨練。」鮑伯聽見這段話，原本黯淡的眼神，竟有了微光。
喬治．克隆尼頓了一下，清清喉嚨，接著問出一句足以撼動天地的問題：
「他們第一年付你多少錢，讓你放棄那些夢想？」

一道閃電打在鮑伯身上，也打在你我身上。
曾幾何時，我們不再提夢想，只提生活，與工作。彷彿夢想是孩子在說的俏皮話，我們成年人談的是務實話。是啊！務實到讓平庸成為我們人生的注解。

我剛考上老師那一年，眼裡有光，心中有火。那是最接近改變世界的一刻！

每一課對我而言都是新世界，我迫不及待引領學生，往裡頭探去，然後期待著他們如孩童般驚喜的表情。直到他們十八歲，我目送著他們的背影離去。再回頭迎接下一批十六歲，周而復始，循環往復……

慢慢的，我發現：

同一課我講到滾瓜爛熟，但沒有當初那份悸動了……

學校行事曆我熟門熟路，卻多了例行公事的乏味感……

學生的問題我一清二楚，但少了那種揪心的感覺……

歲月磨亮了我的經驗，卻也磨去我的熱情。

而且我發現，老師這行業，薪水不是「能力論」，而是「資歷論」。

你不會因為教得好而薪水變多，只要教得夠久，薪水就會變多了。因此，有人盡心盡力，但也有人偷懶成性。

曾聽好友明騰老師說過，他年輕時，因為熱血，為學生做了很多事。結果，有位資深老師在他面前甩薪水單，嗆他說：「你那麼拚幹麼？薪水還不是沒我多！」那一刻，他很受傷，但他也告訴自己，要更努力、更熱血，去對抗那個讓我們活成平庸的現世安穩。

最後，明騰成為全國SUPER教師，本科教的是理化，卻能教學生做簡報、畫心智圖、投資理財。他拒絕向平庸低頭，用自己的行動，向學生示範追夢的姿態。

那我呢？

為了重燃熱情，這些年，除了校內研習，我不斷向外取經。因為我知道，**圈裡給我溫暖，而圈外給我驚奇**。我跟榮哲老師學故事和微電影、跟李洛克老師學行銷、跟培祐老師學運課、跟Hogan老師學NLP（神經語言程式）、跟Wally老師學AL加速式學習、跟亦耀老師學講師手法、跟田林老師與越翔老師學遊戲化教學、跟敦國老師學十二原型品牌、跟郁棠老師學文字溝通、跟柏賢老師學精準表達、跟俊憲老師與豪軒老師學團康、跟Adam老師學引導、跟明騰老師與暐仁老師學理財、跟漢克與尤尤及奶粉學實境遊戲設計、跟路隊長學個人品牌、跟蛤拉老師學英雄魅力故事學、跟

Zen大學時事評論、跟鍾曉雲老師學直播……

學費不計成本的付出去，熱情源源不絕的湧進來！

回到學校教室，每一課進到我腦海裡，就像是白光透射進三稜鏡般，竟散射出五彩繽紛的可能性。讀杜甫詩，我跟孩子談電影分鏡；讀〈范進中舉〉，我跟孩子說鄙視鏈的形成；教〈虯髯客傳〉，我還能跟他們聊聊社交的「Like法則」；就連教《論語》，我也設計了「地表最強選舉公報」，讓孩子們躍躍欲試。

神奇的是，當我重新燃起熱情，投資自己、成就別人。好事竟然一件接著一件朝我飛來：

學校同事推薦我角逐SUPER教師，出版社接連邀請我出書，各校演講邀約不斷，朋友推舉我參加親子天下教育創新100……各路貴人接連出現在我生命中，帶著我一起走向遠方，而我知道，遠方是夢想的故鄉。

也許你渴望歲月靜好，但不是現在；

也許你想要平庸安穩，但不是此刻。

我希望這本書，能讓你回想起，

那個曾經眼裡有光、心中有火的自己！

夢想才該是我們人生的注解，而平庸不是。

PART ONE

我們曾一同將青春的
戰歌擊出永恆

我想念的，是那無數乏味的練習

「老師，鳳梨盃你可以帶我們練球嗎？」班上熱愛籃球的哲瑪問我。鳳梨盃是學校的班際籃球賽。

「你們哪時要練呢？」

「應該是寒假其中幾天。」

「好，沒問題，我們來練！」

年假才剛結束，我們就出現在學校球場，開始練球了！

「對了，哲瑪，你跟要練的人說，我帶練球會很嚴格喔！」我請孩子們做好心理準備。因為練球對我而言，意義非凡，甚至是種儀式。

大三那年，我當系籃隊長，對國文系而言，每年最重要的就是稱霸全國！全國中文系有近四十間，每年最大盛事就是「大中盃」。全台中文人齊聚一堂，比拚各項運動：籃球、排球、壘球、羽球、桌球……

我當隊長那年，大中盃辦在過年後，地點在成大。為了備戰，我們提前移地訓練，年假還沒結束，我們全隊就到成大練球。熟悉成大的球場、熟悉台南的陽光、熟悉比賽的節奏。

冬天的台南陽光很特別，明明天是冷的，陽光卻是螫人的，其實有點分不清楚，到底是風在刺人，還是陽光在刺人。

唯一清楚的是，比賽中我們頻頻刺破對手防線，抄球快攻、擋拆跳投、三分突襲。球應聲入網，換來對手無助的神情。他們這才從年節的氛圍中，慢慢回過神來，但一切都已經遲了。因為當他們還在走春，我們已經在戰地厲兵秣馬了。成大的籃框和陽光，都是站在我們這邊的。

練球之所以對我意義非凡，就在於它讓我知道，對勝利的執著，不是掛在嘴上，而是跑在場上。**以一般人的努力程度，根本輪不到拚天分。你以為的天分，往往是強者的單調練習。**

「好！全員集合！」我一聲令下，孩子們聚攏過來。

「練球不是兒戲，我會從基本帶你們練。首先，我們先練跑籃，兩兩一組，邊跑邊傳球，然後上籃。」大家感到新鮮，躍躍欲試。

「喔！我忘了說，總共要進三十顆才停。」一陣風吹過，傳來心寒的聲音。

一開練，他們發現很奇怪，平常打三三會進，但為什麼跑籃都不進呢？

花了快十五分鐘，孩子們總算合力進了三十球，但已經氣喘吁吁了。

短暫休息片刻，我帶孩子們練防守步伐，俗稱的「螃蟹步」。

「你們記著，球場上，進攻會失常，但防守不會。所以我們一定要從防守做起！」

我崇尚防守，先曉以大義。

「螃蟹步重點在，壓低你的防守中心，利用橫向移動踩著對手進攻路線。等一下我們以慢、快、慢的節奏，每人做兩組。」

比起進攻進籃的成就感，防守練習真的是枯燥乏味。但我要他們知道，真正在球場上決勝負的，不是那些令人驚豔的美技，而是一個個微小平凡的細節。

就這樣，年後的午後，我們在丹鳳球場練球。

其實，我知道籃球並不是只練幾次，就會突飛猛進、笑傲球場的。畢竟，我大學四年，一半的時間都在練籃球，另一半的時間，也不見得是在讀國文。但籃球教會我最重要的事：

「所謂成長，不過是在無數平凡時刻，有紀律的進行乏味的練習！」

後來，我準備研究所考試、準備教甄考試、準備成為作家天天寫作，都不過是貫徹練球時的紀律。

我帶孩子們練球，說不想贏是騙人的，雖然我已經不再是當年那個會願意為籃球放棄一切的少年。但只要踏上球場，那個少年又在我心裡活了起來。

此刻，我更希望讓孩子們明白，每個不起眼的練習，往往就是決定「平凡」和「超凡」的關鍵。球賽如此，課業如此，人生亦如此。

我一直深切相信，曾對籃球痴迷的人，往後做任何想做的事，都一定會小有成就。畢竟，練球那麼苦，我們都熬過來了，不是嗎？

今天不晨考，我們晨跑

認真說起來，大學最美好的回憶，就是那段早起練球的日子。那時，我參加系上籃球隊，明明讀的是國文系，腦海中卻都是以球技稱霸全國。

對於理工科系而言，系上球員是百中選一；但對國文系而言，要留住每一個想打籃球的男生都無比困難。

我常忘記期中考的時間，但絕對記得每場籃球賽的日期。每當大賽在即，我最期待系隊的加練。

平常，我們在中午練球，室外場，大太陽，熱到爆。師大本部球場少得可憐，為了中午能搶到場地練球，我們得一早就去占場。占四個小時的場，就為練兩個小時的球。這怎麼看都不划算，但那時的我們甘之如飴。

比賽前早上加練，六點半開始，我得搭上最早的捷運，披著餘留的夜色出發。身體好像還在夢境裡，但聽著咚咚咚的運球聲，總能讓我無比清醒。

我很懷念那段為籃球瘋狂的時光。曾經以為自己會打很久很久的球，想不到還是食言了。

當了老師後，每個早晨不再有晨練，取而代之的是看學生打掃，然後像趕羊一樣把他們驅回教室唷考卷，日復一日。但我總惦念著晨間的陽光。

校慶快到了，班上孩子們爭氣，跑進大隊接力決賽。一個念頭突然閃進我的腦中：

「晨練！」

我興奮的告訴孩子們：「這幾個禮拜二，早上不排考試，我們來晨練，練大隊接力！」

他們的表情有點難解，有那種「蛤？還要練習！」的無奈；又有那種「喔耶！不用考試！」的雀躍。

我就當雀躍成分居多吧！

所以，那股我熟悉的早晨氛圍回來了。

禮拜二早上七點半，由戴棋、哲勳帶操暖身，然後全班一起跑操場。接著練小碎步、抬腿跑，最後練習傳接棒。

我回想起那時，面對每次盃賽的不確定感，有可能練了半天，什麼都沒有；也有可能沒怎麼練，卻意外晉級。

但我喜歡為一件事付出的感覺，付出汗水、付出熱情、付出青春！

晨練很快就結束了，大家流著汗，氣喘吁吁，眼神卻格外明亮。

但我總覺得少了些什麼。

正當孩子們準備回教室時，「等一下！」我叫住了他們，「我們來喊個聲吧！」

語實班孩子們比較內向，不習慣聚在一起嚷嚷。

「來吧！把我們的氣勢喊出來！」我拍著手激勵大家，「當我說二〇一，你們喊加油！加油！加油！」

「二〇一！」

「加油！加油！加油！」

青春的吶喊，迴盪在空曠的操場上。就像那時候的球場上，兩隊比分緊咬，離比賽結束只剩一分鐘。

「來哦！好好打，拚一個！」教練用完最後一個暫停。

暫停時間終了，我們手搭著手，汗拚命流。

「來哦！等下我喊一二三，一起喊：國文系，加油！」我是隊長，唯一能做的是相信隊友。

「一、二、三！」

「國文系！加油！」

五個背影，義無反顧的走上球場。

記分板最後的比數，我早忘了。但那熱血的吶喊，我是說什麼也忘不掉的。

我們不知道每次的努力是不是都能獲得公平的結果，但回憶不騙人，永遠對我們的努力，加倍奉還。

你聽過青春的戰歌嗎？

青春之所以刻骨銘心，在於我們曾不計代價，幹過那些傻事。像是我們晨練，就為了大隊接力決賽！

很多時候，為什麼我們怕努力？不是因為辛苦，而是怕努力後，結果不如預期。失落、懊惱，然後自卑……於是我們裝作沒用全力，贏了是實力，輸了是禮讓。於是我們不願多做練習，贏了是偶然，輸了是必然。

我們擅長讓自己立於不敗之地，精神勝利法跟阿Q無關，我們早已無師自通。就因為這樣，我們才錯過青春，接著錯過人生。所以這一次，我們決定不再錯過，哪怕結果充滿不確定性，也要不留遺憾的去拚！

練了那麼久，終於等到大隊接力決賽。千萬不要以為，做足準備的人是自信的，因為他們更怕徒勞無功。

一早，幾個孩子跟我說肚子不舒服，我不相信他們吃壞肚子，因為他們不會不知道賽前忌口。所以，唯一的可能就是：

緊張。

但也正因為這樣的不確定性，讓我們更加謹慎，知道比賽沒有黑馬，只有衝過終點線的賽馬。

嗚槍！選手飛箭似的衝出！

在賽道上，沒有禮讓這回事，誰都想把對手甩在後頭。

是的，我們被甩在後頭了。

大家看得著急，不是有練了嗎？怎麼還是被拉開了？

但說來奇怪，即便孩子們落後，眼神竟是從容堅定，步伐盡是平穩踏實，沒有一絲一毫的慌張。這是長久練習所撐起來的底氣，一種穩如泰山的底氣。因為他們知道：

好戲在後頭！

我跑不過你不要緊，只要差距沒被拉開，就是小輸為贏。

接著，就是大隊接力的文眼了：

接棒。

不就是把棒子遞給對方，有什麼難的？

是啊！但是一場雪崩，都是一片雪花開始的。

在接棒瞬間，時間瘋狂放送。有人卡了一下，時間無情的加了一秒；有人掉了棒，時間殘忍的加了三秒。你希望時間對你大方，但絕不希望是這時候。

那班上孩子們呢？

我把目光轉向他們。竟看到了一幕幕優人神鼓。他們手上的接力棒，就像是鼓棒。跑起來的時候，一揮一擺，一起一落，空氣的鼓皮，擊出煙硝味。隨著步伐，隨著呼吸，擊出低沉卻堅定的鼓音。

進入接力區了！氣力放盡的鼓者，用所剩無幾的餘力，準備敲響最後一個節拍，那是決定樂章能否完美的關鍵。

把鼓棒準確擊在對方的掌心！咚！鏘！咚！鏘！咚！鏘！

接！

就在那剎那，鼓棒完美擊打在那個頓點，不溫不慍，足夠讓下個鼓者，感受鼓棒的踏實，也感受前個鼓者的餘溫，繼續敲擊著下一曲樂章。

那種感覺，就像是玩太鼓達人，已經四十九連擊了，就差最後一個節拍，鼓棒落下……五十連擊映入你的眼簾。

也像是在組模型，把最後一個卡榫放入凹槽。「喀！」的一聲，大功告成！

我從沒看過這麼曼妙的接棒。但孩子們做到了！掌握到節奏的孩子們，開始得到時間的眷顧，每一個接棒後，都發現離對手更近一點。

我們知道，練習是騙不了人的。

原本，我們是第四，昀蓁追過了一個，第三！子秦追過了一個，第二！振誠追過了一個，第一！

孩子們沒有因為領先而亂了節奏，他們依舊照著那熟悉的早晨、那熟悉的紅色跑道、那熟悉的呼嘯而過的風聲，敲擊著他們的青春戰歌，一聲大過一聲，一節快過一節：

咚！鏘！接！咚！鏘！接！

直到眼前有光……

「啊啊啊啊！」

「哦哦哦哦耶！」

哲瑀衝過終點線，我們率先抵達終點！

我抑住想狂吼的衝動，拿起手機，趕緊捕捉孩子們激動的神情。我嗅到空氣裡，瀰漫著淚水的味道……

努力過後得到的回憶，是最刻骨銘心的，對吧？不管是輸了比賽也好，贏了比賽也罷，那些都不重要。

重要的是，在很多年以後，我們會忘記在黑板上的一切，會忘記考卷上每個答案和紅字。可是我們會永遠記得，在聖誕節這一天，我們擊出了永恆……

別讓孩子的玩笑非法入境

好久以前，我入班觀課，剛好前輩老師交代學生，下次上課時要小考。學生先是哀號一陣，突然有個聲音竄出來：

「好爽喔！四百塊噹噹入袋！」

大家先是一愣，接著笑成一片。

高中教師一節課的鐘點費是四百元。這位學生的意思，就是揶揄老師爽賺四百。

當時，那位老師修養很好，沒有因為這句話而生氣，他假裝沒聽見，繼續上課。

我非常佩服他的氣度。

但沒想到的是，從此「四百塊噹噹入袋！」成為班上的主旋律。只要老師交代什麼作業和考試，學生就會此起彼落的噹噹噹！然後大家笑成一片，我可以感覺到那位老師在忍，臉上仍堆起笑容，但那笑容早已僵掉。

我想跟學生說些什麼，但前輩老師都沒說話了，我又有什麼置喙空間呢？

有時候，當老師的麻煩就在於，學生的玩笑話，你要不要認真？認真了，似乎小題大作；不認真，這些玩笑愈演愈烈。

「不會這麼衰遇到這種情況吧！」我想。但很不幸，我遇到了。

因為有帶實習老師，在讓實習老師看過我教學後，接著就要讓實習老師上台了。我採取的策略是，每一課輪班上陣，這樣他能看到我教，也能在下個班級學以致用。

有一次，實習老師教學時，提到這次作文是她改的。這時，有個聲音竄出來了：

「响，歐陽老師，薪水小偷！」小櫻開玩笑的說。

她真的是開玩笑，因為小櫻很喜歡我的課，平常上課反應也很好。

「薪水小偷」這個詞彙，特別常用在體育賽事，尤其是ＮＢＡ。指的是那種領高薪，但表現卻不如預期，或是動不動就受傷卻照領薪水的球員。基本上就是虧人「拿錢不做事」。

我當下愣住了，心裡五味雜陳，也有一股怒火熊熊燃燒。

但我知道小櫻只是開玩笑，因為她知道我上課有多用心。請問，如果是你，你會怎麼辦？

我當下不動聲色，直到下課後，我把小櫻找過來。

「小櫻，你覺得歐陽老師上課認真嗎？」

「算認真吧！」小櫻隱隱察覺，說了一個不鹹不淡的回答。

「嗯，剛剛上課你提到一個詞，還記得是什麼嗎？」我平心靜氣的問。

「就……薪水……小偷。」小櫻回答得有些支吾。

「那老師想請問你，什麼是薪水小偷呢？」我表現出好奇的樣子。

小櫻有些不好意思，忐忑的說：「就是領薪水，卻沒怎麼做事的人。」

接下來，我問小櫻一道關鍵問題：「那你覺得歐陽老師是嗎？」

小櫻有點不知如何是好，她沒想到一句玩笑，竟讓我認真了，連忙搖搖頭。

「那就對了，那你覺得歐陽老師聽到這句話的感受會是什麼？」我往下追問。

「很難過吧……」小櫻低頭說。

「對，我很難過。因為你是知道歐陽老師的用心的。」我順著她的話自剖感受。

「對不起……」小櫻開了不該開的玩笑，但她是好孩子，知道問題出在哪裡。

「沒關係，我明白這不是你的本意。」我接受小櫻的道歉，並告訴她為什麼讓實習老師上台。這是「教師養成」的必經之路。我也告訴小櫻，她沒看到的另一面。

「這堂課表面上是實習老師教。但你知道嗎？結束後，我得花時間跟實習老師議課，幫助她可以教得更好。」

我停頓了一會兒，接著說：「而這些，是你看不到的。」

小櫻低頭不語，我知道她正為脫口而出的玩笑感到後悔。

我沒讓這個玩笑非法入境，也沒把這個玩笑當眾擊落。因為我知道，玩笑一開始不是惡意的，只是出於好玩。但**若因為只是好玩，我們就任其入境，最後這些玩笑就會落地生根，形成惡意的參天巨樹。到時，你要連根拔起，既累、又難**。

我想起那時前輩教師的神情，那是一種想解釋又怕小題大作、不解釋又心有不甘的神情。最後在心裡的拉扯間，他讓玩笑過去了，但玩笑並沒有要讓他過去。

噹噹噹的旋律和笑聲，不時迴盪在教室裡，但諷刺的是，聖誕節還沒到。

教孩子正確的說話、正確的開玩笑，或許，是比熟記課文更重要的事。但我們總是忽略，那些最重要的小事。

對，我在意你們說出來

老師是矛盾的物種，嘴巴上說教師節平常心，但如果學生真的「平常心」，沒半點表示，我們還是會落寞的。

至少我是。

一位老師朋友在臉書寫道：「連續三年教師節，學生都是最高品質：靜悄悄……」看得我都覺得心酸了。

教師節沒放假之後，這天不再有懸念。還好有學校的敬師活動，以及老師們彼此互祝快樂，這一天好像才被我們記得。但不管敬師活動再精采、老師們相濡以沫多溫暖，都無法比任何一個學生對我們的感謝更動人。

其實，我相信學生在這一天都有感覺的，就像是自己的生日，若沒人記得，總會悵然。但他們也猶豫著：

「老師會在乎我們有沒有表示嗎？」

「感覺老師不是會介意這種事的人。」

「如果我表示了，別人會不會覺得我很狗腿？」

最後，他們用這句話說服自己：

「我把對老師的感謝，放在心裡。」

老師的處境更尷尬，若是要學生表示些什麼，感覺像是在討拍，或說索討，誰叫教育的本質，是不求回報呢！

但我從沒在管被當討拍還是索討。我直接跟學生說：

「教師節，我在乎你們有沒有表示心意。」

我們鼓勵孩子表達，但是，是哪種表達呢？我們標榜的是那種口若懸河、大將之風式的表達。但下了舞台呢？他們能不能說出心裡話？我們好像沒太在乎，因為一個突如其來的感恩，都會讓我們手足無措。

你知道嗎？最厲害的表達，不在台上，而在台下：**在「對的時間」用「對的方式」表達**。

比如：母親節，寫張卡片，感謝老媽拚了命生下你；父親節，訂家餐廳，感謝老爸拚了命守護你；教師節，說聲教師節快樂，感謝老師在迷茫時，為你點燈。

放在心裡、沒說出口的感謝，那不叫感謝，叫膽怯。

你怕說出口，自己覺得怪；你怕寫出來，別人覺得矯情。但為何表達心意，需要在乎這麼多？

我很在乎教師節，在乎孩子能不能對老師做些什麼、寫些什麼、說些什麼，哪怕只是一句「教師節快樂」都好。不是因為我們想索討什麼，而是希望看見，你們的心，還是熱的。

導師班高一那年的教師節，我買了教師節卡片給學生，請他們寫給各個任課老師。小高一嘛！人生地不熟。但高二的教師節，我告訴孩子們：

「我希望你們能對老師們表示心意。今年教師卡我就不買了，因為我相信你們有自己想表達的方式。」

其實，說這話時，我心裡是緊張的，我怕他們聽不懂我的弦外之音。所幸，孩子們的心是柔軟的，我的擔心是多餘的。

隔天，每節下課都可以看到他們穿梭在辦公室，送老師們小卡和喉糖，以及那一聲羞澀的教師節快樂。當然，這回，他們也沒忘記，在我國文課開始前的起立敬禮，把「老師好！」變成「老師教師節快樂！」，隨即送上卡片與滿滿的祝福。

老師們笑得很燦爛，比起放假、敬師、取暖，讓我們繼續奮戰下去的，是你們在抱怨完老師機車之後，依舊記掛著我們。

這樣就夠了，這樣就夠了……

為什麼你們家長日在玩LINE？

「對了，回去跟爸媽說，記得下載LINE，家長日要玩。」這是家長日前我交代學生唯一的話。

學生：？？？？？？？

家長日是學校大事，老師們無不用心準備，滿滿的班級事務、升學管道、教學理念要講。

過去，我也是這樣的，在台上滔滔不絕。可是後來，我開始思考一個問題：家長真的都聽得懂嗎？又或者說，家長都會記得嗎？

比方說大學升學管道，有特殊選才、繁星推薦、個人申請……可是制度這種事，還沒遇到時，都是霧裡看花。

有沒有什麼方式，可以確保家長真的聽懂了呢？

正巧，今年暑假，我報名參加漢克的「實境遊戲工作坊」，學到一招：用 LINE 設計實境遊戲。

啊啊啊啊啊！這就是家長日的解方啊！

我把家長日的宣導內容，設計成一場「LINE 實境遊戲」，取名叫「丹鳳之子」（對，完全是搭《天氣之子》的熱潮）。

LINE 實境遊戲是這樣的，你先設定好故事，然後把謎題放進去，玩家若輸入正確答案，便能往下推展情節。

怎麼可能？也太神奇了吧！

其實，就是利用 LINE「自動回覆」的功能。

我告訴家長：「上學期我們玩『奪寶令』，好玩，但手寫得很瘦。沒關係，這學期我們進化了，用 LINE 玩『丹鳳之子』！請打開 LINE，搜尋這個帳號，進入到『丹鳳之子』遊戲頁面，跟著故事，回答問題，答案就在今天發的資料裡。最快完成的前六名有祕密獎品。遊戲開始！」

氣氛瞬間嗨起來了，家長都有用LINE，只是沒想到，LINE竟然能這樣玩！

實境謎題分四個層次：

第一，學校行事曆

比如像是：「啊！對了，今年還有個超級大日子，就在十二月二十一日，你們猜猜那天是什麼日子呢？」

家長輸入「三十週年校慶」，就會跑出接下來的情節：

「沒錯！就是丹鳳三十週年校慶啦！據說今年會擴大舉辦，超級期待。不過最重要的是，爸媽，到時候你們一定要號召叔叔伯伯阿姨嬸嬸表哥表姊堂弟堂妹……來我們班的攤位捧場喔！」

第二，升學資訊

比如像是：「考完學測後，校排前五〇%的同學可以輪流選填志願，以科系標準決定是否錄取。所以，在校成績好的同學，就很適合利用這種升學管道。爸媽，你知道這個管道叫什麼嗎？」

家長必須根據情境和資訊，來判斷是哪一種升學管道。

你猜猜看，答案是什麼呢？

第三，班級回憶

這部分，我除了故事，還會放上活動照片，來考考家長對班級活動的了解。比如說：「爸媽，你看下面這張參訪照片。這個團隊超有趣的，他們會cosplay日治時期的人，帶我們認識北投的歷史。你們知道這個團隊的名稱是什麼嗎？」

你放心，家長一定不會，因為我的目的，就是要家長去問學生，由學生來介紹他們參加的活動。

這題一定要給你正確答案，答案是：「北投說書人」。

第四，推薦好書

身為瘋狂的閱讀者，每次家長日我一定推書，所以魔王題是這麼設計的：

爸媽，最後一件事，我想跟你們說聲對不起。有時你們唸我，我對你們大小聲。其實我懂你們是為我好，但總覺得老聽你們的，就輸了。歐陽老師曾介紹一本書，叫做《擁抱刺蝟孩子》，是諮商心理師陳志恆的著作，在談父母如何與青少年孩子相處。爸媽，我覺得這本書很適合你們讀。尤其書中提到，當親子發生衝突時，有六種原則性做法：

1不要試圖透過孩子的改變來證明自己有多用心

2別再執著於一定要孩子理解大人的心意

3與孩子保持一點點安全距離

4同理孩子的處境，用陪伴取代提供建議

5正向聚焦與正向回應

啊！最後一種是什麼呢？

家長就必須看我印給他們的文章，答案是：「讓自己好過一點。」

最後，出現在他面前的，就是「恭喜過關」的畫面啦！

家長卯足全力爭取前六名，隨著第一名、第二名、第三名出現，後面的競爭就更激烈了，有家長直接追著孩子問：

「你們班公民訓練是得什麼獎項啊？」

「精神總錦標！」

你看，還需要我自吹自擂嗎？

最後，前六名出爐！一位得獎的媽媽跟我說：「太刺激了，我心臟跳得好快！」

你猜猜，祕密獎品是什麼呢？讀了我那麼多文章的你，一定猜出來了。

沒錯！我送他們志恆的新書：《擁抱刺蝟孩子》。

拿到書的家長都好興奮，因為這是他們奮戰後得到的獎品，格外珍惜。我想，他們回去後可能還是會忘記我的宣導。但他們可以打開LINE，點開「丹鳳之子」，看著自己的過關足跡，記憶竟然又重新鮮明了起來！

暑假賓果，開學不辭窮

開學第一堂，學生千方百計問老師暑假在做什麼，試圖偷偷消磨漫長的課堂。我完全能理解第一天上課的不真實感。所以我開場帶了個活動，叫做「暑假賓果」。

賓果你玩過吧？就是要連線獲勝的遊戲。不過，這個賓果不太一樣，你可要仔細聽好囉！

首先，我請學生在紙上畫出一個九宮格。

再來，我告訴他們，每格分別對應一個問題。像是：

你暑假有看電影嗎？

你暑假有吃美食嗎？

你暑假有參加營隊或課程嗎？

每個人必須找個夥伴，挑其中一格問他：「你暑假有出國去玩嗎？」如果他說有，恭喜你，追問他去哪個國家並寫下來，請他在那一格簽名。那麼，你就成功畫記這格了。然後繼續找下個人問。但如果他說沒有，那麼你這格就挑戰失敗，必須再去找下個夥伴挑戰。

最後，誰先完成三條線，大喊「賓果」，就能得到小獎品。

來，想想看，這遊戲會帶來什麼好處呢？

第一，不用想話題聊暑假

很多時候，我們第一句話是問學生：「暑假有沒有去哪裡玩啊？」結果學生七嘴八舌，你只能哦哦嗯嗯後不知所措。這樣的閒聊反而沒意義。

第二，讓孩子學習對人好奇

你喜歡跟什麼樣的人聊天？是自顧自講得滔滔不絕？還是會對你好奇的人呢？想必是後者吧！因此，會聊天的人，都遵守一個法則，叫做「二八法則」。兩成由你開話題和回應；八成由他講個盡興。

暑假賓果這個活動，是我在親子天下創新教育100的餐會上學到的。當時更刺激，我們是玩二十五格的賓果，並且問題更有挑戰性。像是：

出版過書籍

曾經要過贊助

參加過國際級比賽……

因為與會者都是教育界的奇葩，所以主持人拉高問題難度。

還記得獎品超豐富的，有桌遊「海洋危機」、「數感遊戲」、還有線上課程兌換券。所有人都卯足全力在拚連線啊！

但由於問題很難，所以這遊戲的第三個好處來了：

你要學習觀察一個人，像福爾摩斯第一次遇見華生時，那一連串精采的推理，準得讓華生心服口服。

我還記得，當時我差一格就完成三條線。但那格問題很尷尬：「曾經玩過極限運動」。我心想，誰會玩過啊？但我冷靜下來，開始找穿著比較嘻哈風的人，因為那表示他可能比較有冒險精神。

結果還真被我找到了，一問之下，他竟然玩過飛行傘。最後，因為這個洞察，讓我得到數感桌遊的大獎。

因此，我對這遊戲，特別情有獨鍾。

是的，有贏就是好遊戲。

總而言之，兵荒馬亂的開學，你需要的不是一本正經，而是來一盤暑假賓果。

別說了難，就心安理得放棄了

我設計了一份最有意義的寫作題，然後成功得到：史上最低的交件數……

先說我到底設計什麼寫作題吧！

課程正好教到白居易的《新樂府》。所謂新樂府，就是白居易的社會觀察。藉由淺白的詩句，反映民生疾苦、社會亂象。「惟歌生民病，願得天子知。」是白居易寫詩的動力，也是他對國家盡忠的表現。

像是〈賣炭翁〉這首詩，他這麼寫：

「可憐身上衣正單，心憂炭賤願天寒。」

多淺白！但多有力量啊！根本是中國版「賣火柴的小女孩」。可憐老翁賣炭幫人取暖，自己直打哆嗦，卻還希望再冷一點，炭才賣得出去。最後賣出去了嗎？有，被朝廷收購了，換來了半匹紗、一丈綾。你問：這能幹麼？不知道，因為那不是政府關心的，包括老翁的溫飽。

這就是新樂府的力量，勾勒故事、給你畫面，讓你察覺人世間的荒謬。

所以，我設計的寫作題是：

請從新聞找一起社會事件，用新樂府來表現。

我滿懷期待能收回他們筆下那些遠方的哭聲。最後聽見自己心底的哭聲。

結果——沒啥人交啊！

不過，正合我意，剛好給他們上一課。

「各位，這次作業你們沒交的原因是什麼？」

「沒時間！」幾個孩子不加思索的回答。

「哦？那有交的同學，是時間太多？」台下哈哈大笑，知道這個理由不攻自破。

「那還有其他原因嗎？」我繼續追問下去。

「太難寫！」另外幾個孩子給了我原因。

這我可以接受，畢竟，寫作沒作過詩啊！

「很好，我承認不容易寫，但是別忘了，新樂府的特色是什麼？」

不限格律、老嫗能解、自創新題……他們腦中回想起新樂府特色。

「也就是說，唯一的限制，只有五言或七言嘛！甚至你要長短句我也可以。」

所以，真的難嗎？

很多的難，其實是我們在接觸新事物時，習慣給自己找的藉口，好掩蓋我們「懶得嘗試」的事實。

就像有時，我帶老師們桌遊研習。基本上只有兩種人：一種是，一聽規則就直嚷嚷著說好難！另一種是，儘管面露困惑，但還是努力想嘗試。

最後，說難的那些人，往往研習到一半就消失了，沒再回來。而努力嘗試的，最後笑著學會，我可以想見，他的教學生活，從此又豐富了一點。

很多時候，這世界在意的，根本不是你做得好不好，而是，你真的去做了嗎？還是還沒做，就死在自己的嘴裡了？

我來不及朗誦那些，回家努力看懂新樂府、咬著筆桿、搔著頭、好不容易擠出靈感的孩子的作品。但我宣布了一件事：

「這份作業，我決定算兩倍成績！」

蛤！

為什麼？

幹麼這樣！！

「很簡單，因為愈少人交，代表願意嘗試的人愈少，而這些人的勇氣和努力，世界會給他們更多的紅利！」我娓娓道來，眼神堅定。

是啊！我就是這樣過來的啊！很多人說想寫作，但後面說得更多的是：沒時間、沒靈感、怕被笑……但我就這麼去做了，天天寫，維持了三年，直到寫作成為我的反射動作。

下課後，我翻了翻那些少數準時交件的作品，不禁噗哧一笑……

他們就像當年的我，寫得不是那麼好，才情也不是那麼豐沛，但心是熱的、筆是勤的，未來，也將是他們的！

別說了難，就心安理得放棄了。因為到頭來，你會發現，人生都馬很難，只有變胖最容易。

傻勁，是世間最珍貴的資產

那天，翊芳跟我匯報營收。園遊會我們班攤位大排長龍，營收果然漂亮！

「那淨利如何？」我問。

總籌翊芳尷尬一笑，一旁的陳曦也難以啟齒，最後是哲勳接過話：

「老師，我們總共賺了……七百元。」

我彷彿聽見空氣凝結的聲音。

從他們的表情可以知道，忙了這麼久，扣除成本後，最後賺的這一點點錢，其實只能當安慰。

看得出來，身為總籌的翊芳有點愧疚，因為當初是她自告奮勇，要帶領班上在園遊會大發利市。

我們想像的是：

「顧客進得來，貨出得去，二〇一一發大財。」

顧客的確進來了，貨也出去了，我們卻傾家蕩產了。

「沒關係，賺多賺少是小事，重點是，你們在這次的經驗裡學到了什麼？」我笑著問他們。

「不要在超市買原料，要去大賣場。」哲勳一向心直口快。

「我們下次原料要進多一點，不然後面都出不了餐。」陳曦接著說。

「我發現班上男生都滿暖的，會跟我說辛苦了！也願意幫忙。」翊芳笑著說。

其實，園遊會就是一場投資，一場人生的投資。

我想起自己的第一次公開演講。

那時，我第一次講桌遊，兩小時。心裡雀躍得要命，也緊張個半死。花了兩個多月準備，每天都在想要如何呈現。

為了追求最好的效果，我跑去影印店印卡牌，彩色印刷。唰唰唰，每一張全彩印刷出來，我都聽見七塊錢又離我而去的聲音。前前後後，我印了一百張。

接著，我開始手工裁切，我個性龜毛、力求完美，乾脆買了一台裁紙機在家裁。然後我嫌卡片四角太尖，於是買了圓角器，一張一張裁。一百張卡片，每張要裁四個圓角，裁到圓角器鈍了、手磨出繭了，我和嘉芸累癱在客廳。對，她被我抓來一起家庭代工。

裁完卡片，又三個晚上過去了。

我還記得，在上台前一晚，我緊張得睡不著覺，狂修簡報，反覆試講。

「YA！準備好了！」

「NO！天也亮了……」

兩小時演講，我花了兩個多月準備，加上材料費，還沒加上工錢。講師費營收三二〇〇，我的淨利是：負三二〇〇。

虧大了，是嗎？

跟你說說結果吧！

在那一陣不絕如縷的掌聲中，我完成了人生第一場演講。緊接著，我接到下一場演講，下下場演講……還有一本書的合約。

當年提拔我的是許榮哲，我想，那是他看得出我沒啥成本概念，跟他一樣，都是為夢想不計代價的瘋子。

你有沒有發現，我們的人生，不就是一場又一場的投資嗎？前期爸媽是股東，後期盈虧自負。

很多人書讀沒幾本，嚷說讀了也記不住，書扔一旁，滑手機去了，人生也就一路滑下去了。反倒是那些傻子，慢慢讀、慢慢記、慢慢悟，最後成為各領域的牛人，贏得知識的紅利。

學習就是複利投資，剛開始不見漲幅，把急功近利的人嚇跑了。只剩那些持續累積的人，獨享複利堆下來的滿滿金幣。

回到園遊會吧！

我一路看著翊芳擔任總籌。

在大家忙著準備段考之際，她完成了攤位企畫和市場調查；在大家段考結束後忙著去玩的時候，她把進貨成本和烹調ＳＯＰ搞定了。一般人喜歡拉幫結黨，但她悟出用對人，事才成，所以找了哲勳和陳曦當左右手。

她有著跟我一樣的傻勁，偏偏，這是世間最珍貴的資產。園遊會不賺錢，是有些遺憾。但相信我，**那些人才得到的淨利，從不在當下，在未來。**

要人入迷，你自己先要入戲

繪本大師五味太郎說得好：「你們大人不讀書，卻拚命要孩子讀。」警世箴言哪這句話！

對我而言，教國文從來不難，最難的是，如何讓孩子放下手機，拿書來看。後來我發現，叫他們多讀書是最差的方式，讓他感受你對書的狂熱才是正解。

以前我接家教，學生媽媽跟我抱怨小孩不愛閱讀，所以作文很差。但每次家教時，學生媽媽不是在看電視，就是在滑手機玩遊戲。我就明白了。

不是孩子不讀，而是你為他示範了手機的樂趣、閱讀的無趣。你自己都不愛讀了，孩子怎麼可能會跟著讀。

很多大人誤解了閱讀的意義。要人入迷，你自己先要入戲。我不想說「以身作則」，但還真的是這麼回事。要讓孩子們感受到閱讀的樂趣，先要讓他們看見因閱讀而閃閃發光的你。

那麼可以怎麼做呢？

一、用書當你的出場背景

你的辦公室可以多疊幾本書，相信我，學生經過都會好奇的多看幾眼，甚至拿起來翻一翻。然後你就可以趁機「推銷」：

「哦哦哦！你很有眼光啊！這本書最近很紅，講的是成功者的七個習慣。有興趣看看嗎？」

讓孩子知道老師喜歡讀書，比急著叫他讀書更重要。

二、當賣書郎吆喝推銷

要讓孩子閱讀，最重要的就是讓書唾手可得，建置班級書櫃是絕對必要的。然後要定期買書或借書，介紹完吆喝完再把書上架。

想當個稱職的賣書郎，用詞可以浮誇點，像我都會這樣說：「這本書就三個字：超好看！」然後說個書中的故事或段子，勾起孩子們的興趣。只要孩子聽完，真的拿起這本書去看，你就可以準備分紅了。（分什麼紅？一毛錢也沒有啊！）

三、用說書節目助陣

我必須承認，比起自己講，影片的魅力更吸睛。準備一些說書節目放給他們看，像是對岸的《羅輯思維》，或是本土知識網紅囧星人、啾啾鞋、閱部客，他們的說書影片都很適合讓學生看。

比方我放了羅胖的「魔鬼經濟學」，這集在介紹史帝文．李維特的《蘋果橘子經濟學》。學生聽完羅胖的知識脫口秀後，興味正濃，這時我就拿出《蘋果橘子經濟學》、《我懂你的知識焦慮》兩本書。跟他們說，書我早買好了。如果節目看得不過癮，書裡面都有，去讀吧！

多數時候我還是會敗給手機，他們下課還是滑滑滑；但偶有讓你感動的時刻。比如有天下課時間，兩個男生坐在位子上，冠德在讀《蘋果橘子經濟學》，閔喆在看《你走慢了我的時間》，專注閱讀的男人最帥啊！

誰說他們不愛讀書？你先瘋狂的讀，他們就會慢慢跟上你的步伐。給孩子們一點時間，他們可以的。

場景對了，感覺就來了

你喝咖啡嗎？說到咖啡，你第一個想到哪裡？星巴克！對吧！

儘管很多地方都有賣咖啡，但你還是會想坐在星巴克喝，為什麼？因為星巴克創造出除了家裡、公司之外的「第三空間」。讓顧客不只是喝咖啡，還能沉浸在星巴克打造的場景。

這樣的第三空間，其實是由三種元素組成：

第一種是浪漫元素。星巴克在西雅圖成立了設計研究部門，專門針對全球門市做設計。走進星巴克，你會發現，除了陣陣的咖啡香，店內的燈光、櫃位擺設，以及牆上的裝飾圖案，無一不是精密的設計。就為許你浪漫的情境。

第二種是質感元素。星巴克的價位不算便宜，但也沒貴到負擔不起。你不會天天喝星巴克，但偶爾，你會想買杯星巴克，拿在手上，犒賞自己的辛勞，也讓別人看見你生活的質感。

第三種是體驗元素。在星巴克買咖啡，店員會在咖啡杯寫上你的名字。據說一開始是為了防止出錯，但後來反而成為暖心口碑。這就給顧客一種體驗，覺得這杯咖啡是專屬於你的。

有本書叫做《場景革命》，談的就是這個時代，場景對於商品形塑的意義。書中引用了米蘭．昆德拉的話：

「無意義是生活的常態，但我們要試著挖掘它，並努力愛上它。」

把這句話套用在場景革命，關鍵就在於：能不能找到自己的場景，攸關生活能否被自己愛上。

這個說法太有意思了！

現在我們把場景拉回學校。雖然我們老說，學校是學習的場景；但仔細回想，走進一個班級，你看到的擺設是什麼？

寫得密密麻麻的黑板、從沒對齊的課桌椅、張貼在布告欄上的過期公告、散落一地的課本和考卷……

這樣的場景，只適合畢業後緬懷，不適合青春正盛的他們。

要知道，我們陪伴孩子的時間，絕對沒有教室陪伴他們的時間長。所以，我發現，只要把教室打造成「家裡與學校之外的第三空間」，一切就會有趣很多。就算你不在教室，場景也會默默做事。

那麼，可以怎麼做呢？

一、質感講台

講台占據學生九成目光，但上面通常只有籤筒。有沒有出現其他東西的可能呢？有的，放本日曆吧！

但可不是普通的日曆喔！是有質感的那種。

我常關注集資產品，發現有個日曆很有特色，就是由生鮮時書設計的「讀曆書店」。除了日期，這本桌曆每天都有一句作家金句。

這下，我連每日佳句都不用煩惱了，就讓有質感的日曆幫你說。

再加上它的立架設計，學生就算上課發呆，看看賞心悅目的日曆，也是好的。

二、浪漫後台

教室後方通常有櫃子和白板，放學生書本，記每日功課，這都是不可或缺的例行公事。但是，除此之外，還有其他的可能嗎？

我特別空出兩大櫃，做為閱讀的桃花源，這兩大櫃唯一的要求就是不放參考書。那放什麼呢？放跟學科無關的課外書。而且各種領域都有，從文學到商學、歷史到科普，一共超過一百多本書。

推廣閱讀最好的方法，就是讓閱讀跟喝水一樣容易，隨裝隨飲，隨取隨讀。

至於白板上，除了交代每天的功課考試，我劃出一個空間來策展，定期展覽孩子們的用心作品。比方「石壕吏分鏡圖」、「動物新詩」、「時事新樂府」等。讓孩子看見同儕的認真，比你跟他說破嘴還有用。

三、**體驗外景**

記得有次去新屋高中演講，王巴迪老師帶我參觀他的鋼鐵五班，印象最深刻的是，教室外牆滿滿貼著孩子們的獎狀。

巴迪告訴我，要讓孩子們的努力被看見，這非常重要——不是給別人看，而是給自己看！

我為之動容。

很多時候，我們表面上說要多元學習，但到頭來，我們最在乎的還是成績。你看學校外牆貼的紅榜，永遠是考上國立大學的同學。當然，成績好的確值得讚許，但我們還能不能看見孩子其他特長呢？

回到學校後，我做了一個決定，就是把孩子們參加比賽獲得的獎狀，還有班級的獲獎錦旗，全都貼在班級教室牆外。

有孩子問我，為什麼要貼在外面。我問她為什麼這麼問，她說這樣不是很招搖嗎？我笑一笑，告訴孩子：

「你會怕別人覺得你優秀，決定從此不再優秀嗎？」

就像學校會貼紅榜，與其說是貼給外人看，不如說是貼給師生們提振信心。在教室外牆貼上我們曾經的榮耀，就是要孩子們每天經過時，再重新體驗那個魔幻時刻，抬頭挺胸，告訴自己：

「**學校排名不能定義我，只有我才能定義我自己！**」

記住，場景對了，感覺就來了。

也許孩子們把我們的話忘得很快，但他們會記住，曾經有那麼一個地方，記錄著他們點點滴滴的努力。

我希望那個地方，叫教室。

PART TWO

別讓現在的安逸，
成為未來的遺憾

跟孩子談習慣，只要一瓶水

我不厭世，但我得承認，當導師讓我學會厭世，尤其是管班級打掃的時候。

學生最認真掃地的時間點只有兩個，一個是開學第一天，另一個是學期末放假前。其他時候，就是跟你玩諜對諜。

最近，班上整潔狀況真的讓我生氣。有些孩子習慣不好，衛生紙、鋁箔包、零食丟地上。說會拿去丟，但風一吹，垃圾隨風飄，落入了別人的領空。你要另一個孩子撿，他會跟你說「又不是我丟的」，於是垃圾在班上當起遊牧民族，等看不過去的導師收留。

該講的也講了，該罵的也罵到詞窮了。正巧，看到我的朋友──運課高手越翔老師──分享的礦泉水活動設計。簡直久旱逢甘霖哪！於是，我決定換個做法，來跟孩子們好好談習慣。

我先發下一張紙，要孩子們折成三格。第一格寫自己的一個「壞習慣」，第二格寫這個壞習慣對自己和別人造成什麼影響，第三格寫自己要怎麼改進。

我們總說要反省，但什麼時候真正有過反省呢？我想，就是此刻。

孩子們寫完後，我請他們看向講台，講台上有一瓶礦泉水。我告訴孩子們：

「其實，一開始在我眼裡，你們每個人都是一瓶飽滿純淨的礦泉水，我相信你、疼愛你、鼓勵你。隨著時間過去，有些人的瓶中水少了，開始不被信任、不被喜歡。為什麼水會變少呢？因為壞習慣讓你一直信用漏水。」

他們看著我，好奇我葫蘆裡賣的是什麼藥。

「來，等一下我要請你上台，告訴我們，你的壞習慣是什麼。」

子秦自告奮勇當開路先鋒，他說：「我時常忘東忘西，作業忘了寫、東西忘了帶，造成別人的困擾。」

接著，我請子秦拿起桌上圖釘，往礦泉水刺下去、拔出來！噗茲！一道細小的水柱，噴了出來！

全班一陣驚呼，坐在講桌前的學生趕緊閃避，水柱沒有停下來的意思，孩子們不知道該怎辦是好。

「讓水繼續流，來，下一位同學。」

我沒理會他們的手足無措，讓驚慌飛一會兒，總是好的。

「我時常會把垃圾丟地上，想說會丟，最後都是別人幫我丟。」小盈說。

「我晚上在家讀書，不小心就跑到床上，然後就睡著了，結果進度都沒讀完。」昀蓁說。

「我時常太在意別人的話，結果讓自己變得情緒化。」濬萌說。

刺！刺！刺！

瓶身多了幾個小洞、幾道水柱，水降得更快，地板上漸成一灘水。

是時候了，我走上講台，拿起千瘡百孔的礦泉水瓶，告訴孩子們：

「這就是壞習慣，一開始看似無害，反正水量那麼多。**你不以為意，任它破，任**

它流，任你的形象、信用秀下限，最後你發現，不管你再怎麼努力加水，在別人眼裡，你永遠回不去。因為千瘡百孔的瓶身，就是你的人生。」

我不知道下次看打掃時，是否依然會厭世。但我知道，一瓶礦泉水，除了拿來喝，還有更好的用途，那就是讓孩子們在一道道水柱裡，看見熟悉的自己。然後，把瓶身握住，止住洞口，重新振作！

校外參訪，走馬不看花

這次帶孩子們參訪美國在台協會，心得如下：

%#+¥@^_^¥……

原諒我是國文老師，英文早就還給老師了。所以全程我宛如鴨子聽雷，反正大家在笑就跟著笑，避免被發現英文不好。

美國在台協會簡稱ＡＩＴ，不過內部很像ＩＭＦ。什麼，你問ＩＭＦ是啥？就是湯姆．克魯斯主演的電影《不可能的任務》中的美國情報單位。

我們進ＡＩＴ前，是要接受安檢的：

1要押身分證。

2手機不能帶進去。

3電子產品全部要關機，自行保管。

4不能拍照攝影。

所以，既聽不懂英文，又喪失攝影功能的我，真的就是觀光客無誤。全靠思柔老師和語實班孩子們自行撐場。

不過，即使如此，我們仍幫孩子們做足行前準備。這世界上，我最怕遇到兩種學生：第一種是聽演講當天才知道講者，第二種是去參訪當天才知道地點。這兩種學生，無法進入狀況不打緊，還會把現場狀況愈搞愈糟。所以我絕不讓孩子去危害別人。

校外參訪要怎麼做，才不會像觀光客般走馬看花呢？

一、行前學習單

參訪前，若參訪單位沒提供講義，我會自己做一份行前學習單。在參訪前發給孩子，讓他們回家先做準備。別忙著稱讚我敬業，我會心虛。因為我的學習單做得非常簡單，目的只是要學習者預熱。就分三部分：

1資訊填空

我上網找參訪單位資訊，把重點挖掉，讓孩子們回去查，完成填空。

2連結經驗

像是參訪美國在台協會，我會讓孩子們去找一則台美關係的新聞，讓每次參訪都能連結他們的經驗。

3提問訓練

我要他們想一個關於參訪的問題，然後在參訪的時候找到答案。問對問題，是學習最重要的一步。

二、行前車上表達

我很怕孩子們把參訪當作畢旅，在車上嗨呀鬧的。因為他們得天獨厚，有別人沒有的機會，更該表現出他們值得。所以在車上，我們傳麥克風，但不唱歌，而是輪流講一個事先查到的知識點，以及提出一個問題。

三、回程車上回顧

學習有個重要概念，叫做「提取效應」。簡單來說，學完一個知識點後，就要馬上拿出白紙，透過回想寫出來。同樣道理，參訪一結束，在回程途中，我們不睡覺，而是傳麥克風，輪流分享參訪心得。

像這次參訪美國在台協會，我們回程練習用英文講心得。當然，我聽不懂，所以全靠英文老師思柔幫忙主持大局。

我只希望在每次參訪證明一件事就好，那就是：

丹鳳高中語實班，值得被真心對待！

程度，不過是有備而來

再不久就過年了，買年貨會讓我們想到迪化街，然後依稀聽過大稻埕，卻怎麼也想不起這段歷史。

如果你讓蔣渭水文化基金會帶你走一趟大稻埕，包準你從觀光客變知青，因為我們才剛改造成功。這次帶著語實班的孩子走訪大稻埕，並請蔣渭水文化基金會的老師為我們進行導覽，收穫滿滿。

我們的文化行旅路線是：蔣渭水紀念公園↓北署↓靜修女中↓新芳春茶行↓林五湖故居↓林復振商行↓迪化街郵局↓屈臣氏↓民眾黨本部↓大安醫院。

好，重點來了。要怎麼先幫孩子們做行前教育？我最怕只是拍照打卡、走馬看花。照片當然要拍，但若了解背後的歷史文化，拍這張照片才有意義，不然只是占據手機空間。

參訪前，我把孩子們分成若干組，指派每組一個景點。比方第一組是蔣渭水紀念公園、第二組是北署、第三組是新芳春茶行……以此類推。

接著，請他們拿出手機，查負責景點的相關資料。對！手機很好用，但要教他們什麼時候用。然後請每組派人在黑板上整理出三個關於該組負責景點的重要特色。

不到十五分鐘，參訪前的行程總覽就完成了。

這麼做的好處是什麼？當孩子們有先針對景點做功課，參訪時才會更有感覺，先前看到的是圖像，當實景來到眼前，那種既熟悉又陌生的驚喜感，叫做認知成長。就像過去我看著兵馬俑的照片，後來終於到兵馬俑博物館，那種振奮感，直到現在我還記得。

但前提是，任何旅行，我們都要做好準備，因為收穫從來不會主動敲門。

這次參訪最有成就感的是什麼？就是當導覽老師問：

「你們知道蔣渭水本來是做什麼的嗎？」

「醫生！」孩子們答。

「蔣渭水創辦了什麼？」

「台灣文化協會！」孩子們說。

「你們知道大安醫院後來變成什麼嗎？」

「義美！」孩子們回。

導覽老師驚嘆：「天哪！你們程度也太好了吧！」

我們慧黠一笑。

所謂程度，不過是有備而來！

比知識量更重要的，是知識鏈！

我發現很多人，並不是不喜歡閱讀，而是覺得讀完，要麼忘掉，要麼用不上，索性不讀。其實，我過去就有這樣的問題，明明讀過去了，但知識就是石沉大海，還撈不上來。

後來我才知道原因：多數人只做到「解構」知識，而沒有做到「結構」知識。以讀國文為例好了。大多學生怎麼讀國文？都是背注釋、記修辭、分段旨，頂多再把參考書的表格看一看。

可是這些，都是人家幫你把文本解構的知識。你蒐集了好多知識拼圖，很滿足，卻沒想過，拼出來會是什麼樣子？

我過去閱讀就是這樣，這本翻翻、那本看看，品品文字、笑笑段子，然後愈讀愈迷茫。看起來我讀了很多，但真要我說讀了什麼，我還真的說不上來。

直到培祐找我一起辦讀書會。閱讀的過程，很快樂；當要整理成簡報時，很痛苦。為什麼呢？我這才發現，很多我當初閱讀時以為懂的那些道理，這時卻說不明白了。我趕緊回頭多讀幾遍，有些終於搞懂，但有些仍千頭萬緒。

為了讀書會要分享，我開始試著簡化、詮釋、再連結。後來我發現，**重要的不是追求「知識量」，而是追求「知識鏈」**。把讀到的知識串接在一起，形成一個你能表述的系統。當這個系統能解決生活上的問題時，那就是真正的智慧了。

發現這個祕密時，我太興奮了，從此之後，只要我想學會什麼，我就選那領域的書來導讀。先透過「閱讀」、「解構」知識；再透過「說書」和「書評」，「結構」成知識鏈。最後知識鏈串起來，成為我新的思維系統。

於是，我把這套方法，落實在教學上，要求孩子們針對每課畫出「結構圖」。這個結構圖的形式沒有硬性規定，但大致上可分為三種。

一、**心智圖**

這是最常見的方法。把課文主題寫中間，從中延展不同的分支。

心智圖的優點是具有強大的歸納力，但它也有限制——分支與分支間無法連結。

二、**情境圖**

情境圖目的是發揮創意，以課文情境出發，像是〈始得西山宴遊記〉，就可以用「旅程圖」來畫。

也有些孩子會用聯想到的情境來玩，像是品豪用「大富翁圖」來呈現范進的中舉之路，這就是很有趣的情境結合。

三、**概念圖**

概念圖著重知識結構間的連繫。把主題寫在最上方，然後逐步推導知識間的關係，運用箭頭進行連結。繪製起來較複雜，但從知識鏈的角度，較容易產生新的想法和發現。

很多時候，我們花太多心力在做知識的軍備競賽。看誰閱讀得多、背得多，可是問問自己，你真的搞懂了嗎？能說明白嗎？能活用嗎？

追求知識量的爽度很高，讓人產生好像懂很多的幻覺，卻不見得經得起考驗。

就這樣老老實實，一課一課扎實筆記，一本一本踏實導讀。不貪多、不求快、不比較。當你的知識鏈多了，用力一拉，竟拉出一張知識網，細密緊實，彷彿連大海都能網得住。

是的，那就是你出航捕魚的時候了。雖然比別人慢了點出發，但你會是最滿載而歸的漁夫。

為什麼麥當勞排直的、星巴克排橫的？

因應防疫，學校裡多了許多新鮮事，像是進校門量體溫、戴口罩上課等。但其中最讓學生不習慣的，就是中午團膳要由固定學生協助打菜。以往都是每個人自己打菜，想吃多少就拿多少，但現在不行了。

我們班男生非常罩，除了抬餐，還接手打菜任務，每次都最後吃，還完全沒有抱怨。美中不足的是：有一天我考察班上打菜狀況，發現隊伍很長，由於都在窗台打菜，打菜班和領餐同學站在同一排，使得動線很卡。

因此，我決定在課堂上，讓孩子們腦力激盪一下。

「來，歐陽老師有個問題，要讓你們小組討論，提出好觀點的整組加分。」

孩子們以為考課本，有些已經在猜題躍躍欲試了。

我的題目是這樣的：

「為什麼麥當勞排隊是排直的？而星巴克排隊是排橫的呢？討論時間兩分鐘，請開始！」

嘩！他們趕緊彼此聚攏，熱烈討論起來。這學期我採取小組加分制，迫使每個人都不能置身事外。

很快的，兩分鐘過去了。

「好！請停止！來，哪一組要先講？」

一開始大家左顧右盼，怕講錯，誰也不願身先士卒。

「生活中，很多事並沒有標準答案。只有考試才有標準答案，但你不會考一輩子的試，倒是要過一輩子的生活。所以，要敢想，更要敢講！」我鼓勵孩子們。

閔喆一馬當先舉手！

他說：「麥當勞因為要求速度，所以直線排隊；星巴克因為要讓顧客看到價目表，所以橫著排。」

「麥當勞部分你講得很好，可是星巴克部分我有疑問，直著排就看不到看板嗎？」

我給閔喆隊加三分！留下一個懸而未解的星巴克。

「老師，我我我！」戴棋總是充滿活力，敢於表達。

「好，戴棋，你說！」

「我們剛才上網查到……」

「响！」

全班瞬間抓到關鍵詞——上網查。因為我要求孩子們用討論的，不要只想著直接看答案。

「沒關係，你還是說，不過分數會打點折扣。」

「就是啊，星巴克是讓人放鬆的地方，所以橫向排隊，可以讓顧客看見咖啡製作的過程，還能瀏覽櫃子裡的點心，增加消費的機率。」戴棋說出他們查到的資料。

我給戴棋隊加兩分！

最後壓軸是景翔：「麥當勞販售的是速食，注重的是效率，直向隊伍可以分散點餐的人潮，加快速度。而星巴克是咖啡店，注重的是品質，橫向隊伍可以讓顧客體驗店員為他提供服務的過程。」他娓娓道來。

「非常好！如果這是一道寫作測驗，景翔的論述最完整，絕對是高分。」

我給景翔隊五分！

接著，我向孩子們說明這個醒腦活動的意義：

「讓你們做這個醒腦活動的目的很簡單，就是要你們知道：**學習，是為了解決生活遇到的問題**。但這些問題可能還沒發生，也沒有標準答案。你必須整合所學，提出更好的解決方式，那才是有用的學習。其實，這個問題考的是你對行為心理學的觀察。」

最後，我把焦點拉回午餐排隊。

「明天開始，我要請你們想出一個可以加速打飯的方式。我中午會來驗收，加油！」

再小的事，都可以看出一個人解決問題的能力。**厲害的人會不斷優化做事方法，因此提升效率**、**強化效果**。而死讀書的人會直接忽視問題，也就沒有效率的困擾，最後只會用笨方法做事，當然得到最差的效果。

我開始期待，孩子們明天會用什麼樣的方式打飯呢？

有多少巨星在苦等一個好賽制

我喜歡看ＮＢＡ，但我不喜歡看ＮＢＡ明星賽，因為球員根本打開心的，沒人在防守，互相刷數據，頂多最後三分鐘勉強認真一下。

籃球進球之所以好看，在於守方明明守得滴水不漏，但進攻球員還能超越人體極限，找出你意想不到的角度，把球巧妙的放進去。但如果沒人用力防守，所有的進攻都了無生機，只是比賽中練投罷了。

其實官方也有發現這個問題，每年都在想明星賽新花招。不過都是從分隊的話題性著手，比方從分成東西區明星隊，變成由兩大隊長選人組隊。話題性有了，但比賽強度仍然不夠。

從球員的角度來想，誰願意在明星賽拚全力啊！大家都爽著打，只有你在那邊認真，說好打帥氣球的，就你一個人在出鋒頭。再者，萬一明星賽受傷怎辦？後面球賽不都報銷了？弄不好，身價一落千丈。怎麼算都划不來。

聽說今天是明星賽，口嫌體正直的我，還是從新聞台轉到體育台，關注一下。瞬間，我愣住了。我以為是打明星賽，原來是季後賽啊！

一個內線球員持球，竟然三個球員過去包夾，硬生生把球攔下來，發動反擊。仔細看看，這是明星賽沒錯！可是這些大牌球星怎麼會拚成這樣呢？我趕緊查了資料，才發現今年NBA明星賽賽制很特別。

為了紀念意外身亡的偉大球員柯比．布萊恩，明星賽特別改採「計時計分混合制」。

什麼是「計時計分混合制」呢？簡單來說，就是前三節採用「計時制」，跟以前一樣，一節十二分鐘。但最後一節採用「目標計分制」，目標分數是，領先方的比數加上二十四分，為了紀念柯比的背號二十四號。不限時間，只要哪一隊達到目標分數就獲勝。

為什麼這樣的更動會讓所有球員卯足全力呢？很簡單，你回想一下，我們最初打籃球，都從什麼比賽打起？三對三鬥牛，對吧？三對三鬥牛規則很簡單，先拿下六分的球隊獲勝。因為如此，每一球都至關重要，你守下一球，就等同為隊上增添無形的一分。

有趣的是，這個賽制並非NBA官方想出來的，而是由一位大學生Elam提出。二○○四年，Elam看美國大學NCAA錦標賽，明明已經進入到八強賽，但比賽到了第四節，卻沒有想像中刺激。落後的球隊開始採用「犯規戰術」，設法凍結時間，讓對方罰球，再伺機搶籃板反攻。就這樣，整節比賽陷入無限犯規和罰球的循環，沉悶至極。

Elam敗興回家後，就開始發想讓比賽更刺激的方式，終於讓他想出「計時計分混合制」。保留原本的時間制，讓教練可以有效調度；額外增加目標計分制，讓領先方不再只是把時間拖完，而是堂堂正正的與對手正面對決。

這次NBA明星賽，大膽採用「計時計分混合制」，給了我一個巨大的啟發。那就是，**永遠都有更好的機制，可以啟發人的動力和潛能**。你看，對ＮＢＡ的明星來說，明星賽就是玩票性質的比賽，但當你一改變賽制，竟然能讓他們不得不認真。

教學現場也是。**如果老是用考試來做為學習的考核方式，那永遠都會有人不適應，也永遠都會有人沒動力**。所以，我嘗試一課一亮點：

教〈訓儉示康〉，讓孩子們辯論節儉觀是否過當；

教〈岳陽樓記〉，讓孩子們親手繪製岳陽樓的日景和雨景，甚至有孩子的作品被出版社相中而成為課本插圖；

教〈諫太宗十思疏〉，我帶孩子們玩「領導力拍賣」，讓他們從被領導的角度去想，你希望領導人具有什麼樣的特質。

當然，沒有教法是完美的。有孩子不擅辯論，有孩子只會畫火柴人，有孩子一聽遊戲規則就茫然；但也有孩子在辯論場上雄辯滔滔、在畫紙上用色彩創造世界、在遊戲裡展現智慧的機鋒。而這都不是靠考試的單一賽制，就能挖掘出的光芒萬丈。

對，每個人都是隱藏的巨星，都在苦等一個好賽制，準備驚豔全場觀眾。

看透自己，要付出多大代價？

最近迷上韓劇《天空之城》。其中，主題曲〈We all lie〉的幾句歌詞讓我很有感：

We all lie, Tell you the truths,
Sometimes we laugh and easily lie.
（我們都會撒謊，事實上，
我們有時笑著，並輕易撒謊。）

劇中的母親瑞珍，在目睹明珠家升學的悲劇後，決定辭退女兒的升學指導員。她以為，這樣女兒就能快樂成長。但最後，她反悔了。來自女兒的堅持、婆婆的施壓、同儕的競爭……以及，她內心的謊言。她告訴自己：

「我們不會像明珠家那樣的，我女兒也不會像英才那麼不肖，不會的……不會的……」

最後，她把惡魔指導員請了回來，讓女兒走上升學修羅道。

你知道嗎？**這世界最大的謊言，往往不是別人騙了你，而是你擅於對自己說謊，還心甘情願的相信。**

要看透自己的成本太高，遠比不上編造謊言划算。

這就是所謂的「雙重歸因理論」。

什麼意思呢？人在面對一件事情時，會發展出兩套歸因方式，一種是外在歸因，把責任歸於外界；一種是內在歸因，把責任歸於自身。偏偏，人在不同的情境下，會聰明的選用不同歸因，來讓自己好過一點。

你不妨拿起筆和紙，畫一個十字，橫軸分別是他們和自己；縱軸分別是壞事和好事，這樣就會形成四個象限。

有趣的來囉！

當我們看發生在別人身上的好事，會傾向用「外部歸因」。比方小李在公司升遷了，你可能心想：「那個馬屁精，天天討好老闆，難怪升得快。」但難道，小李本身沒有努力嗎？

而當我們看發生在自己身上的好事，卻傾向用「內部歸因」。比如你自己升遷，得意得很，心裡讚嘆自己：「我升遷，當然是因為我夠努力啊！」可是，難道你的升遷，沒有絲毫的運氣成分嗎？

再換個角度看，當我們面對別人的壞事，這時我們傾向用「內部歸因」。比方說小李遲到，你心裡想：「小李又遲到了，這人就是懶散。」

可是換作你自己遲到，你會怎麼解釋呢？「都是路上大塞車，害我遲到。」所以，顯而易見，發生在自己身上的壞事，我們更常用「外部歸因」。

我們就是這麼聰明，聰明的規避過錯、歸咎他人，於是我們的人生慢慢變成一場謊言。

我想起了幾個熟悉的場景。

學生上課說話，你勸誡他，他回你：「那個誰誰誰還不是也在講話。」嗯，外部歸因。

學生上課玩手機被抓到，被老師抓到要沒收，他又覺得委屈了，嚷著：「才玩一次就被抓，那個誰誰誰每天玩都沒事。」嗯，又是外部歸因。

不知道你發現了沒有，要看透自己，本身就得付出高成本，因為你得接受自己的不完美，相對的，怪別人不好，CP值高太多了。

你說，那我們該怎麼辦呢？

簡單，同一張表格，你反著來想。

看見別人身上的好事，我們改用「內部歸因」：看見小李升遷背後的努力，這讓我們學會了「虛心」。

發生在自己身上的好事，我們改用「外部歸因」：知道自己的升遷，在努力之外，也有貴人相助。於是我們學會了「感激」。

當壞事發生在別人身上，我們試著「外部歸因」一下：小李遲到，背後是不是有什麼難言之隱？這瞬間，我們有了「憐憫」。

而壞事落在自己頭上，我們改用「內部歸因」一回：我遲到，是因為自己偷懶，下次，別再犯就好了。這回，我們學會了「反省」。

那些我認識的強者，都是這麼反人性的在要求自己。也因為如此，成功者才如此碩果僅存。

他們逆轉歸因，扛著看透自己的高成本，那你呢？

我們絕不在同樣地方跌倒第二次

我聽見街頭巷尾歡呼聲彼此串連，就像中華隊的打線，轟得韓國隊七葷八素。

不被看好的中華隊，對決黃金陣容的韓國隊，結果令人跌破眼鏡，終場中華隊七比〇完封韓國！

這回，我們不必再用「雖敗猶榮」安慰自己，可以痛快的喊出來：

「我以中華隊為榮！」

可是，不知道你有沒有想過，中華隊為什麼會贏球呢？這次贏韓國真的只是一場意外嗎？

不是的，你看似的意外，背後其實是一連串精密的設計。

第一，了解自己

很多人以為情蒐是為了分析對手，但這只對了一半。情蒐還有另一個更重要的意義，就是了解自己有哪些可用之兵！

中華隊教練團在經典賽前就已經派人前往美國，去了解旅外選手像是張進德、江少慶、胡智為的狀況。

你知道這像什麼？就像美劇中神盾局福瑞局長在面對未來不可知的敵人時，就已經暗中觀察、協助英雄們，為未來的終局之戰做徵召準備。

第二，絕不鬆懈

老婆說，這場比賽有個畫面讓她特別感動。

七局上時，我們已經六比〇領先了，先發投手張奕表現完美，可以輕鬆下莊，讓中繼接替。但是在休息室的張奕，卻不斷看著牆上資料，那是對手的打者情報。他還不斷跟教練討論著接下來的投球策略。

他沒有因為有人接替，就讓自己鬆懈下來。他知道，只要一鬆懈，局勢就可能會瞬間崩盤。

第三，修正應變

先前，中華隊輸日本和墨西哥，並不是打不出安打，而是打線無法串連。

如果你是教練，在面對最重要的韓國一戰，你會怎麼做？

調度的難處在於，當你安排的陣容不如預期，你敢不敢變陣？

你說當然敢哪！說敢的你一定沒調度過。

就像以前我當籃球隊長時，每當比賽雙方差距不大時，我根本不敢換球員，因為變陣帶來的風險是未知的。

維持原狀，至少你不用承擔改變失敗的責任。

但總教練洪一中選擇修正應變！對韓一戰，他大膽調整打線順序，還把原先沒在先發行列的胡金龍拉上先發，果然收到奇效！

有句話說：「**成功不一定有原因，但失敗一定有！**」中華隊在先前的比賽，跌了，但我們不會在同樣的地方，跌倒第二次。

看著中華隊令人激賞的表現，突然想起了我們班。對，另一個奇蹟發生在語實班。

去年在英文歌舞劇比賽抱憾而歸的我們，今年拿下了冠軍！

我發現這一切，竟然和中華隊不謀而合。

首先是「了解自己」。

去年，我們跟別人拚歌拚舞，輸了。今年，孩子們決定重新盤點自己的優勢，發現我們最大的優勢就是：美術！美術！還是美術！

所以子秦領軍，將士聽命，用紙板打造全套的「復仇者聯盟」裝備。子秦的兵工廠，就在後走廊開張了！不分早晚，他們不斷製圖、剪裁、噴漆，用紙板做出一個個英雄的武器。

那陣子，我最期待打開班級櫃，因為每天都會有新的驚奇：昨天是鋼鐵人頭盔、今天是雷神之鎚、明天是美隊盾牌……

孩子們了解自己之後，不再把比賽當作壓力，而是快樂的享受一切。

為了重現《復仇者聯盟》的經典片段，孩子們剪輯了電影音效。重點來了，怎麼樣讓武打戲更有張力呢？

再來是「絕不鬆懈」。

他們想出一個最笨，卻也最強大的方法：「對拍武打」。他們跟著音效走，音效有撞擊聲，索爾就把槌子槌向薩諾斯；音效有鋼鐵聲，美國隊長就用盾牌擋住攻擊。

這是一計險招，因為只要有拍子沒對上，就會像是被發現對嘴一樣可笑。所以為了這三十秒的打鬥，他們練了不下百次，練到不用聽音效，都能憑腦中的節拍，讓武器揮舞到正確位置。

最後是「修正應變」。

回想過去的失敗是最痛苦的，卻是一條必走的道路。

我們去年輸在進場太慢，還在狀況外，就倉促開始了。所以，你知道我們除了歌舞劇，還多練習了什麼嗎？

你一定想不到，我們練：三十秒內進場完成。

我們就像傻蛋一樣，練習如何在三十秒內，扛著大小提琴、電子琴、琴架，還有所有的英雄裝備，衝向定點。時間一到，音樂就下，逼自己正視沒跑到位的下場。

是的，我們跟中華隊一樣，絕對不會在同樣的地方跌倒第二次。

往後的人生，也不會。

沒獎品，你還上來嗎？

那天，我在讀書會帶大家做「寫作定位」，小組討論後，我問全場：「有沒有人願意上台分享？」

事實上，我早料到接著發生的事了，空氣凝結了三秒鐘。

「有沒有人上台分享呢？」

過去我最高紀錄是問到第五遍，所以問第二遍對我來說ＯＫ啦！

這時，秋文舉手了，尷尬的現場總算結尾，大家也鬆了一口氣。

秋文侃侃而談，分享她未來的寫作定位，包括ＮＬＰ引導、房屋銷售技術……

其實，站上台沒有你想像的難，只是我們習慣觀望，習慣別當第一個。

秋文講完了，大家報以如雷掌聲。這時，我拿出一本《故事學》，對大家說：

「第一位上來需要勇氣，而勇氣值得贏得寶藏。所以我的新書《故事學》要送給秋文！」

哦哦哦哦！掌聲更熱烈了。大家瞬間興致高昂，內心想著：

「早知道有獎品我就上了！」

我等掌聲歇下，繼續說：「不過，我手邊只帶了一本。所以，下一位要上台分享的夥伴是？」

這時，台下聲音此起彼落：

「蛤！上台沒有《故事學》了。」

「早知道就第一個上去了……」

同時，他們眼神轉動，看有沒有「沒賞之下的勇夫」。

這回，我問到第三遍。

「好吧！我來！」有人舉手了。大家看向她，眼神卻很費解。

這位夥伴叫英婷，是國小資優班的老師。一上來，她先做了個說明：「我知道沒獎品了，我也不是為了獎品來的。」

接著，她開始談她的寫作定位，她想寫課程設計，以及快速料理，吸引力十足，也開了大家的眼界。

英婷講完了，這次的掌聲更熱烈。不是因為她講得比較好，而是因為她明知沒獎品，還願意上台分享。

英婷轉身，準備回座，我叫住了她：「英婷，明明沒有獎品，你為什麼還願意上來呢？」

她頓了一下才回答我：「因為我來這麼多次，從來沒有主動上台，想說來自我挑戰一下。」

我點了點頭，接著對大家說：「我要跟你們道歉，因為我剛才騙了你們，其實，《故事學》我還有一本。而這一本，我要送給看似做了傻事的英婷。」

大家一片譁然，驚呼連連，沒想到歐陽老師竟然來這招。

「你們知道我為什麼這麼做嗎？」我反問大家，許多人搖搖頭。

我在學校當老師，孩子來來去去，但不管哪一屆，他們都會有相同的舉動，就是：做任何事前都先問獎賞。

比大隊接力，他們會問：贏了老師要請喝什麼？

整潔秩序比賽，他們會問：拿獎牌後老師要給什麼？

比英文歌舞劇，他們會問：拿冠軍後老師要請吃什麼？

其實，孩子嘛，想要有點動力這是人之常情。大多老師也會開下支票，師生盡歡。我以前也是，但總覺得哪裡怪怪的。

直到這些年，我逼自己瘋狂寫作，在寫作時，我不是為考高分，也不是為博美名。就只是單純迷戀寫作，想把心中的情感和觀點寫出來。你看到我的爆文很多，但是你沒看到石沉大海的更多。

後來，我寫紅了幾篇文，開始有出版社邀約我出書。我等到了寫作的獎品。但有意思的是，我當初寫，並沒想到有獎品啊！

這時，我領悟了，就像《三個傻瓜》裡的藍丘所說：

「追求卓越，成功自然追著你跑。」

從此，我立下一個教育信念：

「要賞的不給，傻做的給賞。」

原因很簡單，當我們習慣獎勵制度，一旦沒有獎勵，心理機制就會告訴你：做就虧大了！所以我們養成，有獎賞才認真做，沒獎賞隨便做，或乾脆不做。

其實，升學主義就是一種獎勵機制，考得好，站上講台領獎、取得好學校入場券。可是，當畢業後，不再有考試呢？你信不信，很多人從此不讀書了。更具體的說，他們所謂的讀書，也只是應付考試的參考書。但請問，你看那些卓越的強者，有哪個是靠超會考試成名的？

所以我的獎品，幾乎都會給那些傻做的，我喜歡那種因為熱愛、或者自律，而不斷埋首專注的神情。

這就是真實人生。

當你追求的是成長，你就不會在乎眼前的獎賞是什麼。因為對你而言，未來才是你最豐碩的獎賞。

嚷著不意外，不如叫人意外

那天，英聽播放出了點問題，幾個孩子嚷著：

「丹鳳不意外！」

我能理解他們的不滿，但不能不跟他們談談「不意外」這三個字。

你說，「不意外」這三個字有什麼好談的啊？

我說：「來！先來想想，這次英聽播放疏失，是丹鳳全校要負責嗎？還是由播放的處室負責？」

他們一愣，說是後者。

那就對啦！所以你們應該就事論事，而不是一句「丹鳳不意外」，就一竿子打翻一船人。

對我而言，「XX不意外！」是一句容易上癮的句子。這句型讓你取得制高點，先立於不敗之地，接著故作瀟灑、品頭論足。好像一句「不意外」，你就看透世間紅塵，世道太黑、人性太壞，唯獨你颯然一身、高風亮節。

不，你既入了江湖，就沒有理由站著說話不腰疼。

「不意外」為何容易上癮？因為它會讓你誤以為自己看得透澈，卻毫無作為。

我們得承認，沒有哪個地方是完美的，這正是我們出現的意義。就像作家柯景騰說的：

「因為你的出現，而讓世界有那麼一點點的不一樣。」

學生時代，學校出包，你笑著說：學校不意外。

出了社會，公司出包，你笑著說：公司不意外。

看到新聞，國家出包，你笑著說：鬼島不意外。

你發現了嗎？這些意外，好像都在你意料之內，你是諸葛亮、劉伯溫、賴布衣，但怎麼就沒試著去興復漢室呢？

與其喊著「不意外」，其實我們更該問問自己，怎樣才能叫人意外。

那年，我考進了丹鳳高中，像是范進中舉，欣喜若狂。直到人家問我：

「丹鳳在哪裡啊？」

我立刻酒醒一半。

「欸，在新莊迴龍站。」我忙著說明地理位置。

「喔！所以是私立還公立啊？」對方接著問了下一個問題。

「是公立的喔！」我陪著笑臉。

「這樣啊！不過沒聽過欸！」

十之八九，這會是對話的最後結論。

後來，每當人家問起我任教的學校，我都會這麼說：

「我在丹鳳高中教書，丹鳳在新莊迴龍站附近，是一所公立完全中學。」

其實，你們知道嗎？不是只有你們學生會在意校名，我們老師也會。

如果說你是在前幾志願學校教書，他們的反應是：哦哦哦哦哦哦！

如果說你是在丹鳳教書，他們的反應是：哦——

然後腦內想的是：在哪啊？

所以想考進好學校，不只是你們的夢想，也是我們老師的夢想。

我也曾經嚷著：丹鳳不意外。不意外的偏遠，不意外的沒名，不意外的……但，那能改變什麼嗎？

後來，我讀了一本書——《以小勝大》，裡面提到了一個概念點醒了我，叫做「小池塘大魚」理論。這個理論告訴你，與其當大池塘裡的小魚，不如努力當小池塘裡的大魚。

這是一個很重要的人生策略。

大衛為什麼能擊敗巨人歌利亞？就是因為他保持靈動、採取遠攻。

所以，你是要繼續嚷著「不意外」，還是讓人因為你而大感意外？

你看慧媚校長，那麼努力改造校園空間；

你看潔雯主任，那麼努力寫下丹鳳的故事；

你看怡慧主任，那麼努力推廣丹鳳的閱讀；

你看承玟老師，那麼努力籌辦國際交流活動；

你看育宏老師，那麼努力帶氣象站和天文觀測。

你看我，那麼努力的亂玩一通。

你：？？？？？

還有很多很多的老師，都在為這座小池塘默默努力。但我們需要你停下來，看一看。也許你會看到池邊生青苔，但如果你願意，也會看到：浮萍漂、荷花開、魚蝦戲，一片生機、滿池熱鬧。

然後，你也跟著努力，為這裡帶來些不一樣。

對了，你知道嗎？丹鳳真的不一樣了。至少，現在當我跟人家聊到丹鳳時，再也不用一長串的ＳＯＰ流程介紹了。他們會說：

「我知道丹鳳，你們不是那個什麼什麼很有名嗎？」

讓人意外，是吧！

別不出手，卻還奢望奪冠

我很喜歡傳奇歌手巴布．狄倫的一句話：「**有些人，在雨中領悟了什麼，而有些人，就只是淋溼了。**」

我看過太多學生，高三準備備審資料，才驚覺自己的荒唐年少。趕緊把一堆過去的煙花拼進來湊數。什麼國小作文比賽啊！什麼國中演說比賽啊！只差沒把趣味競賽填進去。

那些最輝煌的，都在遙遠的昨日。你把它們列上了，卻列不出你高中的戰績。不就等於昭告天下你根本是個方仲永嗎？

你淋了青春的大雨，溼透了衣裳，卻什麼也沒悟出。

因此，在高一學期末，我決定讓孩子把這一年「可視化」，看自己是認真活過還是虛度青春？

我先給孩子們看在網路上火紅的清水高中學生韋詠祥的報導，他考四十八級分，說實在普普通通，但最後卻錄取交大資工系。

為什麼？他在網路上分享他的備審資料，看完，所有人都跪了，也服氣了。三十七頁的備審資料，記錄了這三年裡每個奮鬥的步伐。

他參與各大資工營隊和活動，去比各種程式設計比賽，還自己設計學測五選四的軟體，成為爆紅的應用程式。

你以為重在參與，卻總有人默默使勁。

我設計了一份「期末盤點表」，讓孩子們盤點自己的高一生活。這份表單分享給你，裡頭是我認為高中必備的經歷。

一、**興趣和專長**

很多人把興趣和專長混為一談，其實，用遊戲來比喻，興趣是你的普攻，而專長是你的絕招。興趣是你像人的一面，專長是你像超人的另一面。

二、**幹部和社團**

這兩塊強調的是「責任感」。一個沒當過班級或社團幹部的人，只有兩種可能，一是他不在乎別人，二是他沒有承擔的能力。而不管是哪一種，都不會是大學想要的人才。

三、**參賽和獲獎**

成才有兩個流派，第一個是「通才流」，他善於讀書，考試十拿九穩，是現行教育體制下的受益者。

如果你不屬於這種，那你可以選擇第二個流派：「偏才流」，把單項技能練到所向披靡。

要證明成績好很容易，但要證明特殊技能很難，這也就是通才比偏才吃香的原因。偏才必須找擂台，站上去，狠狠尬一場，留下傷疤，卻也留下輝煌戰績。

我要孩子們大量參賽，你不能嚷著說讀書不是唯一，但要你去拚讀書以外的比賽，你又顧左右而言他。那好，你打破了通才和偏才的分野，開創了第三條路線——蠢才。

四、研習課程

如果你比賽總是摃龜，那還有機會證明自己嗎？

當然有！你就用研習證明自己好學。

這需要平時累積，你可能聽過很多演講，但都在睡覺或聊天，連講者叫啥都記不住。所以證明自己好學的最佳方式，就是記錄你聽過的演講，讓人家知道，你的好學不是只表現在課業上。

好險，這一年來，語實班孩子聽了六場演講，加上四場校外參訪，研習心得累積十篇！還有比這更能證明好學的嗎？

五、活動參與

這裡指的是課堂外的活動規劃，寒暑假有沒有參加大學營隊？學校舉辦的海外教育旅行有沒有報名？你不能說整天待在教室裡很無聊，但讓你自己安排的結果卻只是一味窩在手機和電腦裡。

六、閱讀書目

這是最直接呈現見識的方式，瞄一眼這人的書單，就可以知道他的程度在哪。一個學生，如果一年讀不到五本書，那必然言語乏味、見識短淺。更嚴重的是，他沒有主動學習的能力，只是被動的等人家塞填給他。

我用一堂課，讓孩子們回顧這一年。因為我最討厭學生等到高三才在那邊假裝努力，那既功利又太小看人生。

努力本來就是一種人生態度。

很有趣的，你會發現，有些孩子寫不到五分鐘就愣了，因為比賽或活動，他不是錯過就是懶得弄。殊不知，**在青春的賽道上，唯一的失敗就是不參與**。

但有些孩子，寫得很過癮，就像是辛勤的農夫，採收著黃澄澄的稻田，他發現這是自己最豐收的一年。然後他會繼續盼著下一季。他把參與當作習慣，從不缺席，所以機會也在他的生命裡，準時出席。

還記得以前打籃球時，教練總跟我們說一句話：

「進攻最後一定要『出手』，就算投不進也沒關係。但絕對不要沒出手，還以『失誤』收場。」

想來格外入心，人生不也是一樣嗎？

我還真沒看過哪支球隊，靠著不出手拿下總冠軍。

PART THREE

翻轉你的腦袋，別只活在古人的影子裡

〈赤壁賦〉——最怕是你活在蘇軾的影子裡

〈赤壁賦〉這課，就像電影《教父》、《刺激1995》，經典到你覺得怎麼講都是一種褻瀆。很多老師都是懷著無比恭敬在教這一課。

但你知道嗎？你愈恭敬，愈是對〈赤壁賦〉的褻瀆。因為蘇軾不會希望你活在他的陰影裡。

簡單幫你回味一下這篇經典。

〈赤壁賦〉大意是蘇軾跟客人泛舟赤壁。兩人在扁舟上，喝酒、唱歌、賞月，快樂似神仙。

這時，客人吹起洞簫，瞬間破壞氣氛，因為簫聲充滿無盡哀傷。蘇軾見狀，趕緊問客人怎麼了。客人才說，天下沒有不散的筵席，就算再怎麼逍遙快樂，我們終將面對生命殞落。

最後，蘇軾扮演起張老師，開導這位想不開的客人。

而打開蘇軾思考的暗箱，裡頭的機關是：「變與不變」的辯證。

〈赤壁賦〉這一課，你在台上會講到流淚，因為字字誅心、句句動情，裡頭有著我們熟悉的困頓與超脫。講著講著，你回神往台下一看，這次，你又流淚了，不過流淚的原因是：

學生睡成一片，羽化而登仙，留下遺世而獨立的你。

講課技巧我這邊先不談，我這邊要談的是，如何不被經典綁架？

蘇軾的「變與不變說」太經典了，以致於成為「人生短暫」的唯一解。我承認這觀點很漂亮，但是沒有經過思考就接受的觀點是糟粕。

點出客人的困頓：「如何面對人生短暫？」我要孩子們闔上課本，別被蘇軾劇透，給他們進行一個思辨活動：

「冒點賽！」

這招是我從對岸達人選秀節目《奇葩說》學來的。怎麼玩呢？非常簡單，保證你一學就會。

一、想觀點，愈多愈好

如果你是蘇軾，你會怎麼寬慰客人，解開他的人生困頓呢？

我讓孩子們分組，每組集思廣益想觀點，沒有對錯，只有愈多愈好。

二、說觀點，重複槓掉

接著，我讓各組輪流說觀點，只要這組講過的觀點，後面組別就不能再說了。

這樣做的目的，是讓他們既能臆測普遍觀點，也能避開從眾，另闢新戰場。

三、寫觀點，建思考牆

每組分享完後，大家思考各項觀點是否對撞，如果是全新觀點就過關，請孩子把觀點寫在黑板上。

最多進行三輪，如果期間有組別想不出，就淘汰出局，直到剩下一組為止。

這時，你回頭看黑板，會發現看到的不是黑板，而是孩子構築的「思考牆」。

好，讓我們欣賞這面「思考牆」吧！

1享受當下，及時行樂（奇葩度：一顆星）

2就是短暫，還能怎辦（奇葩度：一顆星）

3正因人生短暫，我們才學會珍惜（奇葩度：兩顆星）

4重點不是活了多久，而是做了什麼（奇葩度：兩顆星）

5生命也許流轉，但精神永遠長存（奇葩度：三顆星）

6變木乃伊、信妙禪、遺愛人間……（奇葩度：？？？？）

當你接受別人觀點的一瞬間，思考的腦門就關上了，我想，這不是我們讀古文的意義。

先自己想過，再揭開古人的暗箱，也許你會發現：

自己的想法還差得遠，你不慌，知道那是成長。

自己的想法竟不謀而合，你自信，知道那是卓越。

不管是哪一種，蘇軾都會對你點頭稱道的。

〈燭之武退秦師〉——讓想法飛一會兒

教書久了，我發現自己很容易成為課文的代言人。說作者有多厲害啊！說服技巧有多成熟啊！久而久之，厲害的都是前人，我們永遠活在他們的陰影裡。

高中時，有篇課文我還滿喜歡的，叫做〈燭之武退秦師〉，這篇可說是遊說文的經典。

簡單說一下故事內容，就是晉文公揪秦穆公一起攻打鄭國，像是小夫找胖虎一起毆打大雄那樣，重點是，大雄還沒哆啦A夢喔！這根本穩死啊！所以鄭國只能祭出包龍星，啊，不是，是燭之武，用他那三寸不爛之舌，遊說秦穆公退兵。

通常到這裡，我們老師就會開始滔滔不絕，說燭之武的說服策略有多強。

但直到我讀了厭世國文老師的《厭世廢文觀止》，裡頭提到一個有趣的論點：同樣的素材，《左傳》把燭之武寫成談判大神，《史記》卻直接讓燭之武神隱，怎麼會這樣呢？

也就是說，在司馬遷眼裡，這場談判由誰出馬，結果都差不多，因為說服的論點就那幾個。

讀到這裡，我不禁哎呀的讚嘆！既然如此，我幹麼老當主角的代言人，說不定學生自己也能想得到。於是，在課堂上，我只告訴學生兩項資料：

資料一：

晉文公重耳流亡在外時，行經鄭國，鄭文公連門都不開，因而晉文公懷恨在心。

資料二：

注意春秋各國間的位置，尤其是秦、晉、鄭三國。

重點來了，接下來，我叫學生把課本蓋起來，告訴他們：

「如果你是燭之武，你會怎麼遊說秦穆公？不准偷看課文！」

學生愣住，因為他們習慣了接受課文想法，但我就是要他們自己練習談判。

看他們舉棋不定，我多給他們一道提示：

「談判重點在利害二字，注意，是著眼於對方的利害，但偷偷滿足你的利。另外，說服技巧不外乎：說之以理、動之以情、誘之以利、威之以勢。好了，我只能提醒到這邊。各位燭之武，上吧！」

有了明確的方向，孩子們開始熱絡的討論起來。

接著，就是重頭戲——燭之武們上台遊說了。

「你們打鄭國是不智的，一來，我們兩國無冤無仇；二來，你打了我們也是被晉國整盤端走。所以，我勸你最好撤兵。」小闓講得頭頭是道，據理力爭。

「小闓，你很有說服力，但為何我聽完還是想出兵打你？」我說。大家笑成一團。

「就因為你太理直氣壯了。別忘了，這時鄭國是弱勢方，所以就算有理，但更得拿捏語氣。」我接著解釋。

果然，後面上來的燭之武，都溫謙有禮多了。

其中最亮眼的，就是未來想讀軍校的景翔。不僅談三國局勢，還從地形來分析，如果秦出兵，晉趁虛而入，會發生什麼事。如果拿下鄭國，對於晉會有什麼好處，對於秦又會有哪些損失。講得鉅細靡遺，害我以為自己在看劉寶傑的談話節目《關鍵時刻》。

最後，有意思的是，課文裡燭之武的四點遊說，孩子們自己就說中了三點。你說，真的需要燭之武來教嗎？

其實，這招我是跟台大歷史系教授呂世浩學來的。我讀他的著作《一場歷史的思辨之旅》，發現他讀歷史的方式特別有趣。他說：

「讀歷史就是你要不斷問自己，當角色面對選擇時，為什麼他要這樣選？如果我是他，我會怎麼選？」

我又不禁哎呀哎呀讚嘆起來！

就像學生練習閱讀測驗，看到文言文都直接看白話，看到英文都直接看翻譯，結果都以為自己會了。事實上根本不會。往後遇到無法看白話和翻譯的考試，就直接舉白旗投降了。

思考，需要經過推敲；技能，需要經過磨練。一旦用最舒服的方式劇透，那我們就只是學舌鳥，無關思考，無緣技能。

讓你的想法飛一會兒，你不知道它會帶什麼意外的驚喜給你。但至少你會知道，它是會飛的，只要你願意打開籠子。

〈范進中舉〉——鄙視鏈是怎麼形成的？

《儒林外史》你一定讀過，作者吳敬梓，這部諷刺小說諷刺讀書人熱中功名的醜態，而〈范進中舉〉是其中最經典的一篇。

故事描述范進大半輩子都在考科舉，考了半天終於弄到一個秀才，他決定要挑戰鄉試，考個舉人。但是在他岳父胡屠戶眼裡，范進是標準的魯蛇。胡屠戶看他一次就羞辱一次，說他是現世寶、窮鬼、癩蛤蟆想吃天鵝肉、沒用的人……罵到范進都懷疑人生了。

最後，范進竟然考中了舉人。在他看見榜單的剎那，大喊了聲：「咿，太好啦！

我中了！」隨即暈倒，醒來後喜極而瘋。

有趣的來了，在他中舉後，胡屠戶態度一百八十度大轉變，稱他是天上文曲星、賢婿、老爺。

這篇小說，把世人的勢利，以及科舉制度對讀書人的摧殘，表現得淋漓盡致。過去我講這課，也就教到這裡，但後來我才發現，這樣教，錯了！因為孩子們會想，科舉已經不存在啦！這篇小說談的是明清的事，跟我們現在無關。

真的無關嗎？范進中舉真的不存在了嗎？我開始思考，時過境遷，制度的確變了，但有什麼是不變的？

有了！是「人性」！

〈范進中舉〉最有意思的一點是：胡屠戶憑什麼瞧不起范進？

你說范進沒出息？可是胡屠戶混得也普普通通啊！但不知道為什麼，只要胡屠戶看見范進，他頓時就有種優越感。與其說他在羞辱范進，倒不如說，他從羞辱范進的過程中，找到自信。

這到底是怎麼一回事？

有個詞你不能不知道，叫「鄙視鏈」。

這詞是從一篇文章紅起來的，那篇文章叫做：〈鄙視鏈：生活中那些微妙的優越感之社會心理分析〉。

鄙視就像是食物鏈，當你鄙視別人時，彷彿往上爬了一層，成為獵食者。對有些人而言，鄙視是CP值最高的自嗨。因為你不需要任何努力，只要將對方缺點放大，就能滿足自我優越感。胡屠戶不需要考科舉，只要找到考生界的魯蛇范進，盡情羞辱他，就能顯得自己很行。

直到現在，范進中舉從未消失，只是換個樣貌出現，因為鄙視鏈一直都在。

我讓孩子們讀完鄙視鏈的文章後，進行一個重要的討論，那就是：

請從「種族」、「性別」、「教育」、「世代」、「職業」、「興趣」等面向，擇一分析其中的鄙視鏈現象。

這很有意思，因為孩子們會發現生活中隨處都有范進，也隨處可見胡屠戶。

以「性別」來說好了，我們談兩性平權，但真的平權嗎？

有部火紅的電視劇《俗女養成記》，我直接買原著散文來讀，書裡有段文字讓我特別有感：

「我很清楚『自然乖』在長輩眼裡只能算及格，做人要想拿高分，全靠『用力乖』。媽媽就是一個『用力乖』的媳婦。」

可是，你有看過用力乖的女婿嗎？沒有！那憑什麼要媳婦三從四德？只因為她是女人。

再從「世代」來談，你一定有聽過「草莓族」這詞，指的是抗壓性低的七年級生。可是，我一查才發現，這詞最早是形容五年級生，最後被貼在七年級身上。

為什麼？簡單，上個世代覺得自己苦出來，看不慣下個世代如此嬌嫩，趁勢把草莓族這標籤轉讓出去。

每個世代各自有不同挑戰要面對，但鄙視鏈作祟下，有些人以否定後輩來凸顯自己的優越感。

最後談「職業」好了，前幾年有件事吵得很火熱，就是某大學會計系學生嗆歷史系學生會被維基百科取代，未來注定失業。

你看，鄙視鏈又出來了。

那些所謂的熱門科系，真的該是你的第一志願嗎？

錯，**只有你想念的科系，才是真正的第一志願**。

孩子們也提出很多有意思的觀察。

比方印度對女性嚴重鄙視，甚至有人懷上女嬰就墮胎；比方西方人自居優越，主持人在節目上，充斥對亞洲人的歧視言論。

當孩子們討論愈多，愈不寒而慄，因為范進中舉從未消失。

更可怕的是，在鄙視鏈下，有時，我們是被鄙視的范進，但有時，我們搖身一變，成為鄙視別人的胡屠戶，流露出不可一世的優越感，卻還渾然不知。

曾看過一個段子。有個人說：

「我生平最討厭兩種人，一種是種族歧視的人，一種是黑人。」

哈哈哈哈哈哈……

笑著笑著，怎麼悲涼起來了。

在鄙視鏈下，我們既是范進，也是胡屠戶。

〈諫太宗十思疏〉——來場領導力拍賣遊戲

唐太宗和魏徵，是我看過最奇葩的一對君臣，為什麼呢？因為我沒看過這麼怕臣子的皇帝。

魏徵像唐三藏一樣，老對唐太宗碎碎念，唐太宗也很可愛喔！還會把這些碎碎念抄在屏風上，時時警惕自己。

當皇帝，不享受一下怎行呢？不過，每當唐太宗想 happy 一下時，魏徵就會分秒不差的出現，唸到唐太宗玩興都沒了。

唐太宗就像個想趁父母不在時偷玩電腦的小孩子，而魏徵就是神出鬼沒的父母。

有次，唐太宗得到一隻鷂子，非常稀有，他愛不釋手啊！不斷在手上把玩。玩得正開心，魏徵來了，嚇得唐太宗趕緊把手機收起來，啊，不是，是把鳥收起來，不對，這樣講好像AA的，是把鷂子收起來，藏進衣袖。

放心，小孩偷玩電腦，父母都知道。魏徵知道唐太宗這小屁孩，又趁他不注意，跑去玩鳥了。他假裝不知道，開始跟唐太宗天南地北聊起來，唐太宗很想快轉二十倍速，但沒用，魏徵滔滔不絕，講個沒停。

等魏徵講完離開後，唐太宗趕緊拿出鷂子，沒想到，鷂子竟然悶死了。

你看，這就是這對君臣的日常。

〈諫太宗十思疏〉是魏徵寫給唐太宗的建言，總共十條，要皇帝知足、知止、謙虛、包容、節遊、勤政、納諫、正身、賞罰公平。說穿了，就是在談「領導」。

魏徵寫得正氣凜然，但不知道為什麼，我讀來卻沒啥感覺。於是，我開始思考，魏徵所談的領導力，是不是哪裡出了問題呢？

我想起一本談領導的好書《這一生，你想留下什麼？》，作者是約翰．漢尼斯，曾任史丹佛大學校長長達十六年，在他的領導下，史丹佛突飛猛進。這本書，就是漢尼斯談如何領導，也剛好有十項：謙卑、真誠、服務、同理、勇氣、合作、創新、求知欲、說故事、遺澤。

來，你有沒有發現，魏徵跟漢尼斯，兩人對領導的看法，有什麼不一樣？

魏徵側重的是「勤儉」。那是因為古代皇帝權力大，想怎樣就怎樣，要是皇帝是敗家子，那國庫一定掏空。所以只要「勤儉」，基本上治國就先贏一半了。

可是放到現代，你還需要跟領導強調勤儉嗎？不用啊！除非是獨裁國家。不然民主國家的領導人，基本上經費都由各部門層層把關，你想揮霍也沒辦法啊！

因此漢尼斯側重「發展」。領導者要有求知欲，才能學會見聞色，看見一點點的未來，用創新來取得先機。

所以你看，領導力是會隨著時代，而有不同的側重面向。

但除了古文，我更想讓孩子們學會的，是現今的「領導」特質啊！

因此，我設計了「領導力競標遊戲」。

首先，由各組討論出，他們覺得領導力最重要的三項特質，並寫在空白卡片上。

接著，由各組針對十項領導力展開競標喊價，價高者得。最關鍵的是，怎麼知道得標物的價值呢？

很簡單，十項領導特質競標完後，我開始逐一調查每個特質有幾組寫在卡片上。比如「謙卑」，有三組寫，那謙卑就價值四分；比如「勇氣」，只有一組寫，那勇氣就價值二分。（價值＝組數＋1）

這遊戲最刺激的是，你得觀察別組的動機，如果各組爭相喊價，代表這項特質可能大家都有寫。不過，也有比較心機的組別，只是單純拱價，讓後面的組別誤判情勢，花大錢買了一張壁紙回家。

所以，當公開各領導特質的價值時，所有人都嗨翻了。投資客和冤大頭，一目了然啊！

你猜猜，在孩子們心中，最重要的領導特質是哪三個？

答案是：真誠、合作、創新。

魏徵的確唸出了唐太宗的領導力，不過，我更渴望讓孩子們知道的是，這時代，你需要更新的領導特質。

沒想到，競標玩完，朕知道了！

〈大同與小康〉——完美課表這樣訂，理想世界不是夢

國文課就像八點檔，每一課差不多都得播上一個禮拜，但要知道，有些角色人氣高，像范進、張愛玲、虯髯客……狂播兩個禮拜都沒問題；而有些角色，明明很吃重，卻一出場轉台率就飆升，比方說孔子配子游。

對，我說的就是〈大同與小康〉這一課！

這課大意是，孔子參加完歲末尾牙後，在那邊唉唉唉唉的嘆氣。其他學生都知道別問，一問孔子又會滔滔不絕，但是，他們來不及阻止子游。

果然，子游一問，孔子翻開覆蓋的多話卡，呱啦呱啦講起了兩種世界：「大同世

界」與「小康世界」。

簡單來說，大同世界就是「天下為公」，每個人的人設都趨近完美——愛自己、愛別人、資源共享、勞力均分。小康世界就是「天下為家」，系統發現人設都有瑕疵，所以開始用「禮義」約束——愛自己、愛自己人、資源是我的、事情別人做；沒有「禮義」，天下即將崩壞。

放心，這課不管你怎麼講，都會有人打呵欠，包含你自己。

因為理想世界，離我們太遠太遠了。只有在選舉前，候選人開出一個個迷幻政見，才讓我們覺得自己離烏托邦近些，不過，終究也只是海市蜃樓。

好，重點來了，那到底該怎麼做才能讓學生有感？

我告訴孩子們：

「世界還離你太遙遠，你目前的世界就只是學校生活。如果能為這個世界訂製一份課表。那會是什麼樣子？」

我發下一份「空白課表」，讓他們自己決定「課程」和「師資」。

從來沒有一份作業，讓孩子們如此興奮！

「老師，沒有學校學科可以嗎？」

「可以！」

「可以調整每節課的時間嗎？」

「可以！」

「可以每節課都寫睡覺嗎？」

「不可以！」

你發現了嗎？這不只是一份理想課表，也是一種自我探索的方式。

這份「大同課表」收上來後，我發現三種截然不同的學習者：

第一，渴望輕鬆的迷茫者。有些孩子，課表很空，九點後開始上課；午休拉長為兩個小時。基本上，這我都能接受。只是，從他排課的內容，會發現他不知道自己想要什麼，單純希望能再輕鬆點就好。

第二，順從學科的追隨者。這類型的孩子，只是把學科排列組合了一下，他們在體制內是認真的，但是對未來少了些想像。或許現況對他們而言是最好的安排，但我也擔心，一旦沒人告訴他們該學什麼，他們會不會就無所適從了呢？

第三，探索學習的拓荒者。這類型的孩子，他會真的去查那些他想學習的領域裡的老師。像有孩子課表寫：

王永福老師的簡報課；

許皓宜老師的心理課；

張藝謀導演的電影文學；

石佳音老師的媒體企畫；

台灣吧的歷史脈絡；

蔡康永的情商課；

歐陽立中老師的演說課……

（什麼！在孩子們的理想課表中，我竟然還有生存空間，太感動了！）

對他們而言，學習是拓展認知邊疆的過程，他們是樂在其中的拓荒者。

最後，好玩的來了，我挑出最有特色的課表，讓他們猜猜這是哪位同學的課表，考驗他們對彼此的認識。

氣氛嗨到最高點！

有的我才講出第一節課，就瞬間被秒猜，像是一提金庸武俠小說課，全班就猜均佑；但也有的都講完最後一節課了，還是差點沒人猜到，像是大家看不出，走可愛路線的慧軒會想上犯罪心理、法律學方面的課。

就這樣，不完美的教育制度，在這張課表上，有了一次理想的可能。

但孩子們也發現：理想好難，不是因為理想難以實現；而是不知道什麼才是理想。

什麼是你理想的課表？

什麼是你理想的生活？

什麼又是你理想的世界？

這些問題，沒有答案，但我們得持續追問自己。

唯有如此，我們才會努力走在正確的路上。

〈虯髯客傳〉——不談豪俠，我們來學「好好說話」

我非常認真的覺得，很多人摔跤不是因為沒實力，而是因為說錯話。但麻煩的地方在於，你做錯事大家會告訴你，因為明顯可見；但你說錯話不會有人告訴你，因為對話語的解讀很主觀，若跟你說，好像顯得自己格局很小。

你會發現，有些人怎麼說，怎麼動聽；但有些人怎麼說，怎麼刺耳。學生自然也是如此，不懂說話的孩子，每句話都像是一根針，扎得身邊的人遍體鱗傷，還自認為「直率」。

蔡康永說得好：「做自己」跟「沒禮貌」常常只是一線之隔。

所以，只要抓到機會，我一定跟孩子們談說話技巧。

〈虯髯客傳〉是談說話技巧最好的文本。別被它歸類在「豪俠類」小說給騙了，基本上它唯一的刀光劍影，都在風塵三俠的對話裡了。整篇小說最精采的地方，就是風塵三俠的會見。

話說紅拂女夜半私會李靖，託付終身後，兩人寄宿在旅社中。沒想到，一個中年大叔闖了進來，這人活像鬍鬚張魯肉飯的看板。重點是，這人一進來就大剌剌躺在床上，一臉色瞇瞇的盯著紅拂女。李靖在旁邊洗車（刷馬），氣得一層馬皮都要被他刷掉了。誰受得了自己心愛的女人如此被窺伺呢？

好，如果你是紅拂女，一個是你的交往對象，一個是有非分之想的鬍子哥。你會怎麼應對？

紅拂女下了傑出的一手。

她先暗示李靖別輕舉妄動，照著自己的節奏梳頭整衣後，來到鬍子哥面前。

「鬍子哥，你姓什麼呢？」紅拂女問。

「喔喔！我姓張。」虯髯客答。

紅拂女一聽，「怎麼這麼巧，我也姓張，那我不就是你的義妹嗎？哥！」

接著，她馬上回頭呼喚李靖：「阿娜答，快過來拜見大哥！」

一場感情糾紛，竟被紅拂女輕鬆破解。

重點來了，你看得懂紅拂女做了什麼嗎？

這招叫做「Like法則」，專門用在拉近陌生人的關係。Like有兩個意思，一個是「喜歡」，另一個是「像」。

好，接下來重要囉！記好了，所謂Like法則就是：

因為像，所以喜歡。

簡單來說，就是寒暄問話，找到彼此的共同點。

不過紅拂女的狀況又複雜多了，因為虯髯客是對她有遐想的，所以當她用Like法則找到共同點後，馬上叫對方：哥哥！如果你夠敏銳的話，這手棋，表面上在拉近關係，實際上在主導關係、踩住界線！

怎麼說？

如果是兄妹關係，哥哥豈能對妹妹有遐想？兄妹關係的框架，直接限制虯髯客對紅拂女的居心。但又不會像在發好人卡那樣使人難堪。

所以我說，紅拂女在這瞬間的說話判斷，非常精準到位！

好，再來我們看李靖。

一開始他很孬，只會氣噗噗在旁邊刷馬。但隨著紅拂女化解衝突後，李靖恢復理智，也秀了一波漂亮的操作。

基本上，虯髯客就是你平常生活中很容易遇到的說話白目。我們來看這段對話：

虯髯客問李靖：「看你這副模樣，根本窮小子，怎麼能娶到志玲姊姊呢？」

你看，這話很衝，挑釁意味十足。可是李靖怎麼回答？

他說：「我雖然窮，但我有夢想。如果是一般人問我，我不會說；但既然是大哥問的，我就不隱瞞了。」

你看出這段話的玄機了嗎？

這招我把它叫做「ＶＩＰ法則」。

簡單來說，就是讓對方覺得自己獨享私房談資。

這就像買東西，老闆跟你說，別人我賣原價，因為是你，我給你打八折！你趕緊掏錢買下這份尊榮，結果說不定老闆對每個客人都這麼說。

所以，VIP法則就是把你眼前的說話對象當VIP般對待，說些私房內容，像是爆自己的小料，或稱對方「自己人」，都能有效拉近彼此的關係。

你看，這才是〈虬髯客傳〉的精采之處啊！

當你學會紅拂女的「Like法則」，以及李靖的「VIP法則」，天底下再也沒有難聊的人！因為只要你一開口，皆是朋友。

〈虯髯客傳〉——不談豪俠，我們說說愛情

有件事我覺得很奇怪，關於愛情，我們沒教孩子，只叫他們別談戀愛，可是一出社會，又叫他們趕快結婚。你不覺得哪裡怪怪的嗎？

當然，關於愛情，輔導課談的比較多，可我總覺得文學就是最棒的愛情文本哪！於是我翻開六冊課文目錄，發現一個驚人的事實：談「貶謫」多於「愛情」。

但也許學生最關心的，不是被貶謫後該如何自處，而是暗戀的人喜不喜歡他。於是，好不容易等到跟愛情擦上邊的文本〈虯髯客傳〉，我立馬設計一堂愛情國文課。

「等等，歐陽老師，就我所知，這課不是豪俠小說嗎？是要怎麼談愛情？」

不錯喔！你很有sense！這課的確是豪俠小說，可你不覺得它也很不豪俠嗎？沒有刀光劍影，就是風塵三俠聊聊天、趴趴走，最後發現李世民最棒，虯髯客把天下拱手讓人。

這篇小說，我真正感興趣的是紅拂女。

紅拂女本來是楊素身邊的歌妓。你問楊素是誰？開玩笑，楊素可是隋代末年，權力最接近皇帝的男人啊！有財有勢，跟著他一輩子吃穿不愁。所以楊素常瞧不起人，不管是誰拜見他，他都是躺在床上見人家。直到李靖讓他踢了鐵板。

李靖拜見楊素，楊素依然故我。換做別人，摸摸鼻子，算了，可李靖不一樣，他理直氣和的告訴楊素，天下混亂，更要懂得禮賢下士！沒想到竟然打動楊素了，更好康的是，還打動了另一個人，誰？楊素身邊的……紅拂女。

有天晚上，外頭有人敲門，李靖開門一看，竟然是紅拂女！李靖不知道這是在演「倩女幽魂」還是「仙人跳」，心裡既興奮又害怕。更香豔刺激的是，紅拂女直接告白李靖。說她跟在楊素身邊那麼久，沒有看過像李靖那麼men的，所以，所以……她想跟李靖私奔到月球！

好，到這邊為止，或許有人會說，這太扯了吧！女生這樣像話嗎？

對，我承認紅拂女的確前衛。但這裡，我想跟孩子們談個話題：

「你覺得異性在乎什麼？」

這非常非常重要，因為很多時候，愛情之所以觸礁，正是來自於你想給的跟對方想要的不一樣。

好，那要怎麼做呢？

一、愛情學習單

我設計一份學習單，上面列出很多特質，讓孩子們去猜：異性在乎哪五個特質？猜完之後，我請他們根據那五個特質，繪製自己的愛情雷達圖。

二、公布民調

我統計完兩性在乎的特質後，先讓他們猜，再公布民調結果。來，結果如下：

男生喜歡女生的五大特質：體貼、個性、責任、誠實、同理。

女生喜歡男生的五大特質：個性、體貼、責任、溝通、誠實。

有些他們有猜到，有些則跌破他們眼鏡，但無論如何，他們都意識到一件事：

原來，自己在乎的，不見得是對方上心的。

三、男女相處教戰守則

接下來這件事很重要，我告訴孩子們，談戀愛前，要先懂得和異性相處，你得知道異性在乎什麼感受。

馬上表格一畫，要他們抄在課本上，因為這比知道唐傳奇發展更重要。

男生需要感受到：信任、接受、感激、讚美、肯定、鼓勵。

女生需要感受到：關心、了解、尊重、專注、認同、安慰。

這是有根據的，我從哪知道的呢？就是經典著作《男女大不同》。

偏偏，感受這種事，異性不會告訴你，所以很多人在無限吃鱉之後，依然搞不清楚問題何在。

在〈虯髯客傳〉，我們標榜紅拂女的慧眼，一眼就看出李靖是潛力股。但現實中，你能看出誰是潛力股嗎？坦白說，很難。所以我們必須學會：在乎自己的底氣，也在乎對方的感覺。

先是光芒萬丈的李靖，再成為為愛奔走的紅拂女。

這樣的幸福，比較久。

〈虯髯客傳〉——你的放棄，成就了他的天命

我有個朋友，立志要進某間知名企業。為了完成這個夢想，大學時，別人在混，他努力K英文、考托福；別人在宿舍爽，他卻把圖書館當宿舍；別人騎摩托車夜衝，他只騎腳踏車往返圖書館與教室。就這樣，大學畢業他就出國讀書，頂著留洋碩士的學歷，學成歸國後，他去應徵那間夢幻企業。

為了這一天，他不知道準備多久，他兩眼掃視現場的應徵對手。「哼哼，看來沒一個能打的。」他暗自得意，但表情仍維持謙恭。

就快輪到他面試了。這時，轉角走來一個年輕人，穿著簡單的T恤搭牛仔褲，他

也是來面試的，雖然很不像。但我朋友一見到他，竟萬念俱灰。最後，他沒進去面試，就這樣回來了。

我說你怎麼那麼傻？他說他一見到那年輕人，就知道那個位置非他莫屬。他決定要去東南亞重新發展。他要我祝福他，但我只想打他！

對了，謝謝你看到這裡。但以上故事是虛構的，我沒這個朋友。但別急著打我，因為這個故事其來有自，出自爛尾唐傳奇〈虯髯客傳〉。

隋代末年、民不聊生，虯髯客本來想要稱霸天下，還找了李靖和紅拂女組團。沒想到，當他看見李世民，就萬念俱灰，因為他知道，天命在李世民，而不在他。所以他把豪宅、信用卡、管家，全留給了李靖夫婦，要他們未來幫助李世民打天下。自己則跑到東南邊去發展稱王了。

這篇小說，在風塵三俠相遇前，是神作；在風塵三俠組團後，是爛作。跟《權力遊戲》一樣，以第四季前後為楚河漢界。

當然，做為老師，我們會很負責任的告訴孩子們：「因為這篇是在為唐代政權說話，叫大家不要對君位有非分之想。」可如果是這樣，那我們幹麼讀這篇？

這時，你答不上來了。心裡咕噥：又不是我選的……

收起你的委屈吧！

其實，就我看來，有缺陷的文本更有其價值，因為它可以讓我思考人生，不被故事輕易忽悠。

順著上次，跟孩子們談到紅拂女的愛情，我讓他們去想一道題：

「如果搭時光機到十年後，看見我沒有跟當初想追的人在一起，請問，回到現今，我還要追嗎？」

這道題目出自《奇葩說》，是我覺得很有意思的一道題。贊成要追的孩子占多數，論點屬於「過程論」；贊成不要追的孩子相對少，論點屬於「結果論」。

接著，我給他們看辯手顏如晶的申論，他們看得瞠目結舌！顏如晶提到一個「時空悖論」：

「因為你到未來，看見不是她，所以你回來，決定不追她，那十年後，你身邊當然也就不是她。」

這太太太太有意思了！

「天命」不就跟「時光機」一樣嗎？他們都向你劇透未來，意圖讓你說服自己認分，不該是你的，就別強求了。

可真的是這樣嗎？

我們笑虯髯客真傻，怎會傻到信天命說，葬送了大好機會。但我告訴孩子們：「很多時候，我們自己不就是虯髯客嗎？」

高中考差了，進到一間普通高中。從此，看到名校學生，就像虯髯客看到李世民，自覺矮人一截，此後，活動競賽也不參加了，反正「未來」早已名花有主。就這樣過著虯髯客般的高中生活、大學生活、職場生活……

你塑造了無數個李世民，來說服自己天命在他，不在你。

你講這話的時候，表情好像很悵然，但我看到你的嘴角，竟掛著一絲暢然。因為你終於為自己的失敗買好保險，為自己的懶惰染上一層悲壯感。可是，他的天命，不就是拜你懶惰所賜嗎？

是的，**比起認命，我更喜歡不服輸的自己**。哪怕你的出身，家庭背景不怎麼樣；哪怕你的求學時期，學校不怎麼樣；哪怕你出了社會，公司和職位不怎麼樣。你都不能歸咎於天命，因為，當虯髯客是會上癮的。

虯髯客被杜光庭拿來當作李唐政權的祭品，可是你的人生並不是誰的祭品啊！

記住，你的放棄，成就了別人的天命。

所以，從現在起，給我換個思維：

你要堅持，堅持到別人放棄，讓他們來成就「你的天命」！

《論語》——別讓孔子的「夢想」變「夢鄉」

這樣的場景你一定很熟悉：「來，同學，文教快拿出來。這次考〈論仁篇〉，總共二十一則啊！教不完了！」

然後，文教新說唱開播，你像是唱rap般，把文教飆完了！辛勤的汗珠掛了一臉，你口沫橫飛，他們只想躲雨；你氣力放盡，他們好夢正甜。

你累了嗎？保力達蠻牛也救不了你。

其實，你講太多了，該歇歇了。

先坦承，上面那是過去的我。後來發現，不管怎麼講，總是把孔子的夢想，講成了夢鄉。

要讓孩子們醒過來只有一個辦法，把麥克風交出去，把舞台讓出來。

那要怎麼做呢？這招你學著，叫做「論語唱雙簧」。

一、兩兩一組，一搭一唱

首先，我讓他們兩兩一組，每組負責講一則論語。一個人講文本，負責翻譯、主旨、解析；另一人講事例，負責事例、己例、延伸。然後給他們十分鐘讀文本，以及跟搭檔分配工作、培養默契。

這個做法最大的好處是：沒有人能置身事外。如果你讓六個人一組，很容易發生少數人做事、多數人乘涼的窘況。但如果把責任平均分給兩個人，那麼他們就會成為命運共同體，一起認真面對這個任務。

二、唱雙簧，寫黑板

接著就讓他們每組上來講。兩兩一組的好處在於休戚與共，又互相壯膽。講完之後，請他們在黑板寫下「核心句」和「事例」。

「核心句」指的是這段對話中的「關鍵概念」；而「事例」則是根據這個概念，連結到孩子們的「已知經驗」。為什麼要這麼做呢？

因為很多時候，我們看似讀了很多，卻用不上。從知識的角度而言，那叫碎片化知識，只有把讀到的「新知識」和「已知經驗」結合，它才會成為你的「知識晶體」。

舉例來說，翊芳上來講「有殺身以成仁」，事例舉了百日維新時，譚嗣同的捨生取義。接著她又想到〈左忠毅公軼事〉中，左公斗獄中怒趕史可法，也是一種捨生取義。這時，捨生取義的知識晶體就成形了，日後隨時可以提取。

只有經過歸納、連結、轉述，才能創造知識晶體，所以最好的學習方式是表達和寫作。因為閱讀和聽課都是「輸入」，而表達和寫作都是「輸出」，大多數人的學習停留在輸入，只能應付考試。但真正要形成自己的智慧，就必須靠輸出：說出觀點，寫出見解！

但如果表達，只是照著課本上來說，那充其量只是鸚鵡學舌，所以讓孩子連結到

「自身經驗」很重要。像是景翔講到「仁者，其言也訒」（有仁的人，說話能克制情緒，謹慎發言）。他想起之前在臉書上花費很多時間，好不容易貼了一篇參訪心得。不料，有人在下面留言：作秀。他整個大抓狂，想要嗆回去，但最後忍下來了。從此，他對「其言也訒」有了深刻的體會。

你說，萬一他們講不好怎麼辦哪？

放心，他們還有你呀！真的歪解論語，你再跳出來撥亂反正不就得了。

但要記住，我們都太怕他們講不好，所以只好自己滔滔不絕，他們從此也就真的不會講了。

講得爛是三流，但**沒先挺過三流，哪有機會成為一流呢？**

〈廉恥〉——先別說廉恥了，你聽過麵包嗎？

一直以來，我不是很喜歡教〈廉恥〉這一課。一來，顧炎武很騙稿費，全文一半不是他寫的，只是把別人的話複製貼上。二來，反清復明離學生們太過遙遠，就跟反攻大陸一樣，沒fu。

所以我一直在思考，既然要談廉恥，怎樣會讓孩子們比較有感？

終於，讓我想到了。

我說，熱愛跳舞的你，進軍演藝圈，為了更大的市場，前進對岸，對岸逼你做選擇。要麼大陸人，要麼台灣人。你怎麼選？

這個畫面我們都不陌生，比牆更蒼白的那張臉孔，忍痛說出違心之言，她是周子瑜。在電視前，我們痛徹心扉，卻心疼她的處境。

後來，有個麵包師傅也被逼著做抉擇，他們說：「台獨口味，九二口味，選一個！」

麵包師傅說：「兩岸一家親。」

大家心碎了，說：親你個頭！

一夕之間，他從台灣之光，變成台灣之恥。

他是吳寶春。

這是很敏感的議題，但談「廉恥」，你能避嗎？我要他們正視即將面對的未來，好過反清復明的事不關己。

但是，要怎麼談這議題？

先掌握一個心法：

「**跳脫立場**，**俯瞰全局**。」

來，做個簡單的活動，你就懂我在說什麼了。

請你舉起你的右手指，在空中「順時鐘」畫圓，對，多畫幾圈，不要停。

好，接著請你邊畫圓，邊慢慢把手往下移，直到你俯瞰這個圓。

注意！驚人的事發生了！

你看看現在畫圓的方向是什麼？

驚！怎麼變逆時針了？

明明是同一件事，你從不同角度看，就會得到不同的結論。但**當你選定立場，你就會為了捍衛這個立場，而失去欣賞另一種角度的機會**。

關於吳寶春事件，我準備了五種文本給孩子讀，並設計不同問題讓他們去想。

一、新聞文本

這類文本代表「客觀事實」，是整個事件的來龍去脈。

二、吳寶春聲明稿

這類文本代表「客觀資訊」，我請孩子分析，這篇聲明稿的意圖為何？

三、網友留言

這類文本多半「情緒先行」，比方什麼無恥商人啦！大陸狗啊！我請孩子歸納網友的意見有哪些。

四、反面評論

這類文本屬於「主觀評論」，有論點、論據、論證，非常適合讓孩子分析文本。我找了評論家溫朗東的文章：〈吳寶春不值得我們一絲一毫的同情〉。

五、正面評論

這類文章同屬「主觀評論」，卻從不同立場來評論同一件事情，我找了寶瓶文化總編輯朱亞君的文章，正反對讀，十分精采！

我要孩子找出正、反兩篇評論的「論點」。別小看這個動作，這就像在夜空中找北極星一樣，找到了，整個星空也就明朗了。

孩子們發現，溫朗東的論點是：

「我們知道你為難，但低頭的姿態不要那麼難看。」

這地方滿有意思的，因為在〈廉恥〉中，馮道和顏之推同樣變節。但顧炎武責罵了馮道，卻心疼了顏之推。就如同你責罵了吳寶春，卻心疼了周子瑜。

為什麼？不是你偏心，而是你希望看到他至少表現出無奈羞愧的表情。

孩子們也發現，朱亞君的論點是：

「不要被政治理念蒙蔽你的慈悲，也別忘了你常在夾縫中求生存。」

她拆解了台灣之光的枷鎖，講述吳寶春沒得獎前啥都不是，得獎後我們卻要他服膺台灣之光的規範。

你能說誰對、誰錯嗎？

面對事件，我們都太急著踩定立場，然後不斷蒐集對自己有利的論述，把立場守得固若金湯。深怕沒立場，我們就顯得不夠聰明。

但我們真的看清事件的全貌了嗎？

我很喜歡榮哲面對別人批評時，所說的一句話：

「你是對的，我也有可能是對的。」

立場，會遮蔽你的雙眼；觀點，才能讓你重見天日。

〈石壕吏〉——朝聖杜甫最好的姿態，就是拍片！

「學國文能幹麼？」會這麼問的人，很懶，懶得去想他能幹麼，只希望得到一勞永逸的答案。

問題是，別人給你答案，有什麼用？最好的機會早就被別人搶完了。

所以我很強調，老師一定要具備「**多元思維模型**」，從商業、心理學、生物學的角度，回頭來看國文，才能看出國學常識以外的世界。

「唐詩選」這課，我想跟孩子們分享的，是「唐詩」這個大ＩＰ！

如果你是文創公司，要你把唐詩做成商品，推廣出去，你會怎麼做？

剛好，我教到杜甫的〈石壕吏〉，馬上給孩子們三個文創思維：

一、做桌遊：七骰成詩

任何經典作品，一定會遊戲化，線上遊戲也好、桌遊也好，只要能遊戲化，經典就能以另一種型態，重新活在我們這個世界。

所以我用桌遊「七骰成詩」，告訴孩子們當初我們如何發想，像是把骰子變成文字骰、幫每個詩人設計特殊技、把唐詩拆解成六元素……

一把骰子在玩家手中，彷彿他們手握半個盛唐，將玩家拉入情境中，永遠是桌遊的價值。

二、聽音樂：石壕吏搖滾版

我有個學生叫做岱軒，讓我印象最深刻的，是有一次他請我幫忙分享一個作品。那是他與太太一起編曲合唱的歌曲，曲名就是杜甫的〈石壕吏〉。

你或許會想說，那不就是詩歌吟唱？不不不！他們是用搖滾樂的編曲，重新詮釋

〈石壕吏〉。所以聽著聽著，我竟不知不覺就唱起來了。

這就是音樂的力量，唐詩不入樂不是一個限制，而是為你打開一扇機會之門。

三、畫分鏡：石壕吏電影版

這就是我這堂課的重頭戲了，因為〈石壕吏〉太有故事性了。

大意是說，安史之亂時，由於政府兵源短缺，要官吏到處抓人當兵。這天，官吏突襲老婦人一家，老翁立刻落跑，老婦人應門，哀求官吏放過他們。因為老婦人三個孩子去當兵，死了兩個，家裡還有孫子要養。冷血官吏不願妥協，最後老婦人交上了自己，跟著官吏前往前線支援炊事。

你看，這根本就是唐代版的《搶救雷恩大兵》啊！只是它比電影更慘，唐代雷恩救不出來，老母親還跟著賠進戰爭。

所以，我要求孩子們從導演的視角，為〈石壕吏〉畫分鏡圖。

這一招我是從慧枝老師那裡學來的，當初看到她讓孩子們畫〈習慣說〉分鏡圖，讓我心往神馳。因為我知道，跨媒材的遷移練習，是非常有效的學習方式。你必須先理解文意，再把它視覺化（分鏡圖），以及聽覺化（配樂）。這樣絕對能讓這首詩刻在腦海裡，永遠忘不掉，而且還能讓孩子學習電影技能。

除了分鏡圖，我額外加了兩個細節：

1為石壕吏電影命名

這部分是訓練他們下標的能力。應試作文往往都限定題目，可真實的創作，題目必須自己想，這是觀眾買不買單的關鍵。所以從〈石壕吏〉故事提煉出一個吸引人的片名很重要。

幾個孩子的片名取得很有意思：「破月」、「那一夜，無月」、「泣幽別」。

2為電影選角

你會找哪些人來演石壕吏？選角考驗孩子對於文本的理解，以及對班上同學的了解，並為這兩件事搭橋。要是他講出來的人，大家沒有「哦——」，就是沒共鳴。便得回頭反思，自己對文本的理解是否不夠透澈。

好玩的是，班上品豪選出來的每個角色，都讓孩子們拍案叫絕！

杜甫，是詩史、是詩聖，面對一個這麼偉大的詩人，我想，向他致敬最好的方式，就是在紙上拍片、畫分鏡圖。告訴他：

「老杜，你筆下的人間苦難，我們未曾遺忘，那一幕幕的蒼涼，都提醒著我們，為更好的明日奮戰。」

嚴肅的杜甫，難得一笑，為你。

PART FOUR

文學不必高深莫測，正是時候玩文字

幫張愛玲做履歷健檢

國文課本最矛盾的是，你看得到偉大作家，卻讀不到他的傳世經典，張愛玲就是最好的例子。

張愛玲，你只要說出這名字，大家就會「哇」的一聲，你的氣質度立刻飆升，太多人跟她借哏，只是忘了提起她的名。

電視劇《犀利人妻》中，謝安真一句：「可是瑞凡，我回不去了！」當時，收視率直接爆表，大家朗朗上口，而這句經典台詞其實出自張愛玲的《半生緣》。

亂彈阿翔很紅，但最近更紅的是「亂親阿翔」。很多人在問，阿翔老婆這麼漂亮，為什麼阿翔還會外遇呢？網路上的神回覆很多，但都比不上張愛玲《紅玫瑰與白玫瑰》這句來得經典：

「也許每一個男子全都有過這樣的兩個女人，至少兩個。娶了紅玫瑰，久而久之，紅的變了牆上一抹蚊子血，白的還是『床前明月光』；娶了白玫瑰，白的便是衣服上沾的一粒飯黏子，紅的卻是心口上一顆硃砂痣。」

再也沒有比這更犀利、更富饒美感的解釋了。

可惜，這些在課文裡都讀不到，因為篇幅太長，我們只能讀張愛玲的〈天才夢〉。這篇是她二十歲時寫的散文，勸你別讀，讀了會懷疑人生，懷疑自己怎麼這麼廢。

在文學賽道上，張愛玲絕對是舒馬赫，快到讓你看不見她的車尾燈。三歲背唐詩、七歲寫小說、八歲寫小說〈快樂村〉……

但她從天才夢驚醒，是因為從母親口裡得知，自己是生活白痴。不會削蘋果、不懂人際互動、又是個路痴……你說，所以別羨慕她，上帝為她開了扇門，當然也會關上她一扇窗。

可是瑞凡，上帝是把我們的門窗都緊閉啊！

說實在，這篇課文可讀性普普，但倒是可以讓孩子們幫張愛玲做「履歷健檢」。

我給他們一個情境，如果張愛玲身在現今這個時代，正準備去求職，你做為職涯分析師，會怎麼幫張愛玲做履歷健檢呢？我給了他們三張圖表，要他們根據文本填表。這招分享給你，記好囉！

一、SWOT分析圖

這是最常見，也是出場率最高的分析圖。就是根據自己的狀況，從四大面向進行分析。分別是優勢、劣勢、機會、威脅。優勢、劣勢是「內部原因」，機會、威脅是「外部原因」。

表單一填完，就像是漫畫《火影忍者》主角寧次的白眼，立刻看清張愛玲查克拉的流動。

二、雷達圖

這個最常見於綜藝節目、動漫、電玩，就是把人物朝五個面向來分析，每個面向一到五分，再把這些落點連線起來，就可以看出這角色的絕對領域。

有一組的孩子特別有趣，分析張愛玲的攻擊力、防禦力、爆擊率，我心想，也太中二了吧！但他們接下來的解釋讓我驚豔，他們說，攻擊力代表創作、防禦力代表人際應對，而爆擊率代表她的運氣（張愛玲的求學、愛情運很慘）。

三、上帝造人圖

這是曾紅極一時的心理測驗，只要輸入名字，程式就會分析出，上帝造你時加了哪些東西。把性格比喻成調味料，就是爆紅的關鍵。

但這三格漫畫是有玄機的，第一格代表的是主要特質，第二格代表的是次要特質，第三格代表的是偏執，所以要創造上帝的失誤，失誤分兩種：一種是忘了加，一種是加太多。

三張圖，讓你秒懂我！

班級：

姓名：

座號：

SWOT分析圖

優勢 S	劣勢 W
機會 O	威脅 T

雷達圖

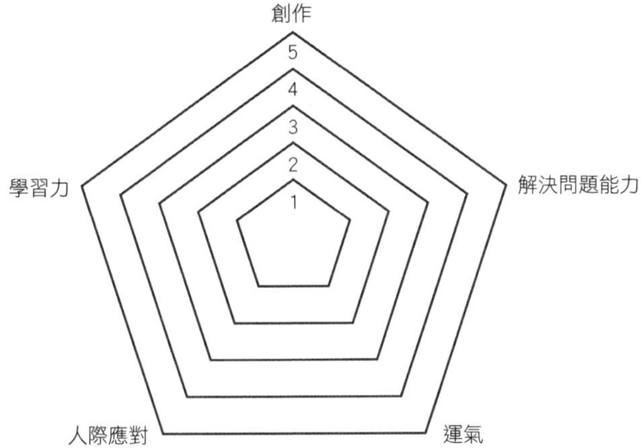

上帝造人圖

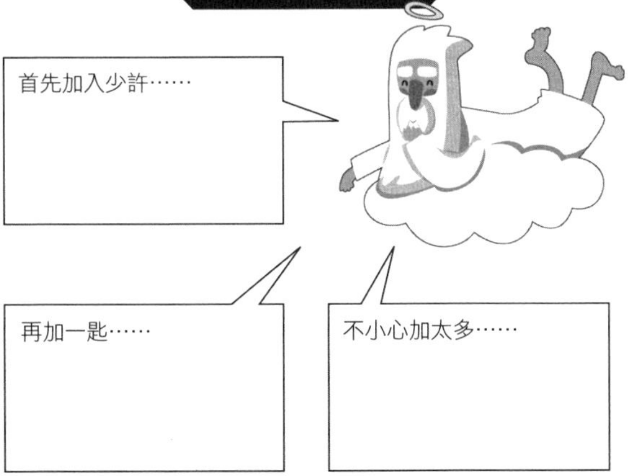

孩子們對上帝造人圖最有感，我甚至認為，如果備審資料放一張自己的上帝造人圖，絕對會讓評審耳目一新。

誰說張愛玲高不可攀，當你讓孩子們幫她做履歷健檢時，你會發現，他們和大作家一下子變得好近好近。

我敢說，比麥香奶茶還近。

我用NLP教貶謫文學

高中國文很神奇，好像怕孩子太玻璃心，課本老愛選一堆貶謫文學，〈岳陽樓記〉、〈醉翁亭記〉、〈黃州快哉亭記〉……為了教會孩子「被討厭的勇氣」。

效果如何？我在班上做了個民調：你受挫時，覺得貶謫文學能慰藉你的請舉手。

結果沒人舉手……

倒不是說文章不好，我相信文學像罈酒，年輕時釀著，老來嚐酒香。但被貶謫的挫敗對孩子來說太難想像，倒不如跟他們說，社團交接，你想當社長，結果學長姊發配你去當社員。

如果你生活真受了些傷，來不及等酒釀到老，現在就想一醉方休，有沒有辦法？有！那方法叫做NLP技術。

NLP是神經語言程式學，創始人理查．班德勒，融合了完形治療、催眠治療，以及腦科學技術，整合出一套潛能開發系統。趁著暑假，我跟Hogan老師學NLP，老師教得超好，我也順利取得NLP執行師證照。

課堂上，我教的是蘇轍的〈黃州快哉亭記〉，文章寫道：

「使其中坦然，不以物傷性，將何往而非快？」

(只要你內心平靜，別為那些鳥事氣噗噗，那麼你走到哪都會很happy！)

境界很高，但要等你成熟了、修為夠了，才夠格稱快世俗啊！

如果我想咻一下，就讓鳥事銷聲匿跡，有可能嗎？

文學無解，NLP有解。

我跟孩子們分享NLP的「咻模式」，這招用在克服視覺恐懼很好用。方法簡單說明如下：

一、確認對象狀況

詢問對方，看到什麼會產生不舒服的情緒反應？學生說，她一想到蟑螂就會哭。

ＯＫ，那就可以用「咻模式」來解。

二、回想不要的畫面

引導對方回想那個不舒服情境下的自己，想好後，請他把畫面放大腦左邊。

三、建構想要的畫面

引導對方想像改變後的自己會是什麼樣子？請他把畫面放在大腦右邊。

四、確認是否真要改變

像是你清理電腦的資源回收筒那樣，會跳出一個對話框，確認你是否真要刪除這些檔案。

五、進行「咻模式」

首先請對方閉上眼睛，把不想要的畫面搬至面前，再把想要的畫面縮小、變黑，放到不想要的畫面後面。接著告訴對方，等一下你會發出咻的聲音，請他想像後面那張畫面往你身上變近、變大、變亮，並且，衝！破！不！想！要！的！畫！面！而被衝破的畫面會逐漸遠離、變小、變暗。

如此持續進行四到五次，最後再來確認對象的改變。

聽起來很玄對吧？但說穿了，「咻模式」原理就是「重設」大腦的經驗連結。有了「咻模式」，韓愈想到佛骨不會這麼驚，范仲淹想到鄧州不會這麼慌，歐陽修想到滁州不會這麼想哭，蘇軾、蘇轍想到黃州不會這麼心累。

秀了一手「咻模式」之後，我一身颯爽，翩然離開，留下身後相信與不信的學生。但我是知道的，這樣談貶謫文學，比較有感。

地表最狂選舉公報

有時，上課就像孔明打赤壁，靈感到位、教具就位，萬事俱備，只欠東風。還好這回，選舉的東風來了。

教到學生睡翻率高達八成的「論語選」。

你：ｚｚｚＺＺＺ……

喂！醒來，不許你這樣對我。

這篇課文大致是這樣。

孔子把四個學生抓來約談，告訴他們：

「平常你們總說：沒人了解我！我好邊緣。來！現在讓你秀一波，如果你參選新北市長，會拿出什麼政見呢？」

一號候選人子路老毛病又犯，立刻搶走孔子的麥克風，在那邊嚷嚷著：

「像台灣這樣的小國，夾在大國中間，內憂外患哪！若我來治理，只要三年，保證人民勇猛如館長、氣質如康永。」

奇怪，你是在選總統嗎？

二號候選人冉求說：

「哎呀！我比較適合當里長啦！小地方讓我治理，我會讓大家吃得飽飽飽，口袋也賺得飽飽飽。」

換三號候選人公西華了，他說：

「我會學習、學習、再學習！（蔡總統：咦，怎麼有種既視感？）然後，我會做好外交，別讓邦交國跑光光。」

最後，孔子cue了四號候選人曾點，曾點清了清喉嚨，唱道：

「人生短短幾個秋，不醉不罷休，春天就要乘涼，到河邊去洗澡……」

其他三位候選人：？？？？？

但但但……孔子竟按下「I want you」的按鈕了！

曾點正式加入孔子的佛系戰隊。

好，論語脫口秀到此結束，接下來要正經以對了，談談課程設計吧！

一、設計論語版選舉公報

其實，這篇論語的經典選文，根本就是弟子們的政見發表會啊！所以我做了一份論語版選舉公報學習單。請學生根據四位候選人（子路、冉求、公西華、曾點）的特質去查詢或設想他們的政黨、學歷、經歷、政見。

重點是政見要具體，所以我要他們回去看選舉公報。（糟糕，這樣會不會反效果啊XD）

二、小組討論選舉公報

隔天，我再多講了四個候選人的故事，比方子路聞過則喜、冉有被孔子下毆打令。接著，就讓孩子們小組討論，分享彼此設計的選舉公報。有些孩子插圖畫得維妙維肖，有些孩子的政見寫得扎實具體。

三、繪製候選人海報

最後，我分配每組畫一張候選人海報，海報怎麼畫？很簡單，直接參考插畫家「我是馬克」的「選舉海報元素分析」。

海報畫好後，每組有三十秒的時間，為他們的候選人助選。

我只能說，托選舉東風的福，整個教室都火起來啦！

其實，做為老師，我們都是哥倫布，不斷探索學科的新疆域。

我花了好長一段時間，終於摸索出來了。那就是：

從「講述」到「實作」；

從「文本」到「情境」；

從「框架」到「破框」。

讀古文的原因很多，陶冶性情、仰望聖賢、學習遣詞用句，不過，我喜歡從創意的角度來看。

什麼是創意？賈伯斯會告訴你，創意就是舊點子的重新組合。同樣的，當人們熟悉的古文，以全新的姿態現身，就會產生一種陌生的熟悉感，趣味也就這麼出來了。最簡單的思考公式是：

古文底蘊＋現代行為＝趣味

所以如果孔子有臉書，臉書狀態會是什麼？誰會上去留言按讚？如果把論語翻譯成鄉民用語，會變成怎麼樣？如果把孔子和學生的對話變成一場政見發表會，那又會如何？是的，點子有了，剩下的就是讓它成真。

很多人問我：「歐陽老師，你怎麼會有那麼多點子？」其實，這個問題問錯了，他們真正該問的是：「歐陽老師，要怎麼讓點子成真？」因為多數人的問題，在於即便看到好點子，也很怕用了會失敗，最後還是選擇最安穩的舊方法。

可是你知道嗎？在《長銷！》這本書裡，提到一句話：「沒有行動的創意，一文不值！」我讀到的當下，簡直是當頭棒喝。

每次想到新點子時，你都會很雀躍，但隨即一定會被「焦慮」給取代：

「這個點子真的可行嗎？」

「萬一效果不好怎麼辦？」

接著，你會找很多理由，讓這個點子不要成形：

「進度都上不完了，我看這次還是算了。」

「這個點子還不夠成熟，等下一次再試好了。」

最後，你浪費了一個好點子。

「論語選舉公報」在網路引發熱烈迴響，我很意外。不過我得坦承，在做這個活動之前，我是很焦慮的。但我知道，只有行動，點子才有價值，教學才會成長。

看著孩子們充滿創意的選舉公報作品，當初的焦慮，都化為最甘甜的果實。這才是教學中最有成就感的事啊！

來看看丹鳳高中語實班的地表最狂選舉公報吧！

先說，笑破肚皮我們不負責，把桌子拍到裂開我們不賠償。我們唯一負責的，是自己的獨一無二！

丹鳳高中語實班的地表最狂選舉公報

https://reurl.cc/6257oV

學校沒教的文案課

每次被問到學國文能幹麼，我都只有一句話：「別讓貧乏限制你的想像。」你不知道文字可以變成印鈔機嗎？

像是校慶快到了，孩子們磨刀霍霍，準備園遊會海撈一筆。於是，各班傳單滿天飛，他們以為傳單撒了，鈔票就入袋了。哪有這麼好的事！

在如雪花般紛飛的傳單裡，你真的會按圖索驥嗎？不！你不會，你只會看一眼，然後什麼都忘了。

為什麼？因為這是一個注意力稀缺的時代。所以，產品很重要沒錯，但成為一個能吸引注意力的商人更重要。而這靠的就是寫出吸睛文案。

趁著月考完、校慶前，我幫孩子們設計了一系列文案課。

對我而言，說服顧客比說服閱卷老師有成就感。這裡先跟你分享「創意文案」三招吧！

第一招：食材個性化

全聯曾經有一組文案爆紅，賣的是火鍋料，卻為火鍋料辦了場名模生死鬥。參賽者有六位，全聯還煞有其事為它們取名號，以及開粉專。

像高麗菜是「國民天菜」，口號是：如果你願意一層一層剝開我的心。梅花豬是「優脂男孩」，口號是：脂融你口，不融你手。最妙的是金針菇叫「不死傳奇」，因為口號是：再說一聲，明天見！看得懂，你就會笑了。

你發現了嗎？這就是食材個性化，賦予每種火鍋料獨特性格，強化你對它們的印象。冬天一到，想吃火鍋，全聯就會成為你的首選了。

第二招：古典趣味化

最有效的廣告不是建立新概念，而是在人們熟悉的事物中加入新趣味。全聯另一則爆紅的文案，找來代言人，還不用付代言費。誰？陶淵明！（可別跟我說你不認識他！）

回想一下陶淵明的名句是什麼？「不為五斗米折腰」，對吧？

全聯抓到了這句話就玩了起來。他們想的是：

「有沒有陶淵明不用折腰，也買得起的米呢？」

有，在全聯！

所以文案標題援筆立就：

「搜哩！陶淵明，我們來晚了。」

陶淵明硬是被好好消費了一次，這就是古典趣味化。

第三招：對比差異化

除了全聯，還有一家小編很厲害，那就是「故宮精品」粉專。

比方他們要賣「仿宋蓮花式碗」，你會買嗎？當然不會！買來幹麼？但你看故宮精品文案怎麼寫。

貼文放了兩張圖，一張是泡麵裝在紙碗裡，另一張是泡麵裝在仿宋蓮花式碗裡。

文案標題是：

「發薪前VS發薪後」

這邊轉換了一個有趣的概念，誰說發薪水一定要砸錢吃好料？我能不能砸錢買高級器皿，讓泡麵看起來也像山珍海味。

阿Q雖可恥，但是有用。

我喜歡看到孩子們被驚奇爆擊的表情。對，文學可以怡情養性，也可以祝你獲利。前提是，你別偏食，快學！

學到，賺到！

校慶在走，文案要有

過去，我們常說，東西好不怕沒人知道。但要是大家東西都好，那誰會被知道？答案是：懂行銷的那一個。

正逢滿滿校慶的十二月，各班陷入瘋狂，準備擺攤搶錢。園遊會，就是行銷的試煉場。而最實用的行銷方式，就是教孩子們如何寫文案。

所幸，我認識文案高手，像是「文案的美」的育聖，「棒棒棠創意行銷」的郁棠，天天讀他們的文章，久而久之也會耳濡目染。（這就是我常說的臉書學習法啊！）

好，那要怎麼教孩子們文案呢？

一、設定文案情境

廣告形式很多，有紙本傳單、電子信件、電視廣告，但近年來，社群廣告崛起。我是臉書的愛用者，所以我設定的情境是：「臉書文案」。有了情境，才有帶入感，學起來更有感覺。

二、拆解文案套路

學臉書文案，就要關注一些熱門粉絲團，看他們的小編怎麼寫文案。像是全聯、蝦皮、故宮精品粉專，他們的文案都很有哏，適合當作教材分析。

大致而言，臉書文案套路分為四步驟：吸睛標題→誘人內文→小編OS→行動呼籲。所以「下標題」最重要，標題對了，注意力也就來了。至於如何下標題，改天有機會跟你分享。

三、臉書文案實戰

教完各種文案的寫法後，最重要的，就是讓孩子回去寫。為了貼合情境，我硬是印了臉書格式給他們。交回來後，有的讓我驚嚇，有的讓我驚豔。我們來看驚豔的就好。

像是我們班要賣吐司盒子，在討論要怎麼訂文案主題時陷入膠著，景翔提「吐司創世神」，品豪提「吐司大師」，都不錯，但很常見。後來子秦突然蹦出一句：

「吃吐！」

全班拍手大笑，通過！

「吃土」到「吃吐」之間，就有很多做文章的空間，接下來，讓你看看孩子們的創意吧！

像是宥錚的文案這麼寫：

上班上課總是匆忙，沒辦法好好吃頓早餐？

上一整天課八豆夭時，不知道該吃什麼怎麼辦？

想吃高級下午茶，但荷包空空，陷入兩難？

沒事的，來丹鳳吃吐，立刻幫你解決困難。

這就把客群鎖定在學生，找到他們痛點：吃得差、肚子餓、沒啥錢。
用「吃吐」來淨化「吃土」。
接著來看慧軒寫的故事：

冬天，男孩給了女孩一個盒子，
不是珠寶盒，也不是音樂盒。
是最甜蜜的巧克力棉花吐司盒子，
那是他們的開端。
春天，男孩又給女孩一個盒子：
你願與我練習那珍貴的愛情嗎？
珍珠煉乳，是他們穩定的蜜月。

來，想想看，這則文案的客群鎖定在誰呢？
就是趁園遊會，渴望傳情曖昧的男男女女啦！

有句話說：「花若盛開，蝴蝶自來。」在園遊會時，下一句是這麼說的：

「文案精采，天自安排。」

留你的聲音，在紙上

有些東西很美，但你留不住，可能是童年、快樂、幸福……聲音也是，那段戀人絮語，那次五月天演場會，那場逆轉戰局的破網聲。

如果我告訴你，可以把聲音留在紙上，你信嗎？

劉鶚深信不疑，所以屏氣凝神的聽，然後回頭吭吃吭吃的寫，把王小玉的說唱寫進了永恆。

這一課，我們看王小玉說書。

不得不給劉鶚點讚加分享，聲音無形、無色、無相，硬是被他寫得繽紛斑斕。比方寫小玉說書悅耳，我們想半天，結果只擠出一句「好聽」。人家劉鶚這麼寫：

「五臟六腑裡，像熨斗熨過，無一處不伏貼。」

王小玉接著秀一波海豚音，我們瞠目結舌之餘，努力擠出第二句：「好強！」但劉鶚信筆一揮，寫道：

「那王小玉唱到極高的三四疊後，陡然一落，又極力騁其千迴百折的精神，如一條飛蛇，在黃山三十六峰半中腰裡盤旋穿插……」

有聽到「叩」的一聲嗎？那是我膝蓋跪地的聲音，太強了！

接著，王小玉再飆高音，我們貧乏的詞庫用完了，但劉鶚還沒，他寫：

「像放那東洋煙火，一個彈子上天，隨化作千百道五色火光，縱橫散亂。」

你又聽到「叩」的一聲對吧？這回，我連頭也給他磕了。

不管劉鶚嗑了什麼，都給我來一份！

不過，這課麻煩的地方在於，你醉心於劉鶚的文字，台下同學看你發花痴，卻一臉困惑。所以，要讓他們有感，就要讓他們把聲音留在紙上。劉鶚靠的是文字，我們靠的是彩色筆。

一、畫出聲音線

首先，我請孩子們根據王小玉說書的流程，畫出整場說書的聲音線。就像是心電圖一樣，有高有低，重點要抓到音調變化。

二、融合圖像物件

劉鶚最強的就是，用具體去寫抽象，讓聲音無所遁形。所以，聲音線做出來了，接著就是把文章提到的物件全放上去，愈能融合在一起愈好。

三、向業主提案

孩子們完成後，我給了他們一個情境：如果你今天向業主提案，希望他採用你們的圖像產品，你要怎麼說？

這就有趣了，當大家都是畫同一個主題，你怎麼在一片紅海裡殺出重圍？

你需要的是藍海策略。

看著他們的成品，我突然發現：「原來我教的是美術班啊！我還以為是語實和數實班呢？」畫得太、太、太、太好了！我們班太有才啦！好到我覺得可以直接收進課文當插圖。

重點是，作畫時，為了不畫錯，他們會不斷確認文本，比方飛蛇到底是下墜還是盤旋向上？比方傲來峰、扇子崖、南天門到底有多高？（我也不知道為啥會研究起這個……）

孩子們展開聲音的軍備競賽，劉鶚用文字留住了聲音，但為聲音上了色的，可是我們哪。

班級讀書會，素養教育捷徑

我發現素養教育最快的捷徑了，那就是辦「班級讀書會」！

這學期我做了個大膽的嘗試，就是分配孩子們閱讀八個領域的書籍，然後每天早自習或國文課，輪流上台說書，並延伸討論。

不騙你，效果比我想得還好！藉由「班級讀書會」，我可以點滿他們很多技能。

一、**選書技能**

多數孩子是沒有選書能力的，因為都被考試消磨殆盡了，認為會考的才值得讀。

但諷刺的是，現在大考你哪知什麼會考，甚至課內比重愈考愈少，考的是你閱讀理解的能力。

而閱讀肌肉是需要鍛鍊的，你平常沒做閱讀重訓，沒習慣讀完整本書，面對長文章一定會不耐煩。

我告訴孩子們，要常逛書店或網路書店，就當逛網拍一樣自然，你才會知道，當紅知識走向是什麼。

一開始的讀書會，有些孩子導讀的書太淺，是那種就算沒看也都知道的知識。我就會用「能力圈」的概念，來跟他們說明選書的原則：

別挑「舒適區」的書，你本來就會，看了只是自嗨；也別挑「恐慌區」的書，你的等級沒到，讀了只是被電爆。

要挑「學習區」的書，你在閱讀時會有新的啟發，那是你過去所不知道的。你會需要停下來，花點時間理解，但理解後，你會感受到成長的樂趣。

二、簡報技能

如果沒辦班級讀書會，我不知道有這麼多令人怵目驚心的簡報……每張字體都不同，字型像在做視力測驗，背景和導讀書目完全違和。

這時，我跟孩子們分享之前學到的簡報口訣：

「一！百！塊！」

這是我從劉滄碩老師《一分鐘驚艷簡報術》學來的。

一指的是「一致性」，背景一種就好，甚至用白底更清楚。

百指的是「百搭色」，與其花花綠綠，不如用簡單的黑白配色就好。一頁簡報，不能超過三種顏色。

塊指的是「色塊」，色塊非常好用，可以當標題，也可以當遮罩，基本上只要懂得用色塊，簡報質感就會大幅提升。

三、連結技能

這是我最重視的一塊，很多人把閱讀和生活分開，可是，閱讀真正的價值，在於用書中學到的新概念，連結舊經驗，或啟發新想法。所以，當孩子導讀完一本書，我會馬上出個練習題，讓孩子們去思考。

比方俊傑導讀《橡皮擦計畫》，書裡最重要的概念，就是在說人類的「認知偏誤」。剛好看到網路上在爭論口罩運費七元的事，於是，我要孩子們去想，如何設計轉變說法，讓消費者不會對運費有感。

再比如慧軒導讀《跳舞的熊》，這本書是一位波蘭作家書寫祖國由共產體制轉為民主體制，在這之中的種種不易。裡頭最有意思的一句話就是：

「自由令人疼痛，但必須渴望自由！」

於是，我要孩子們連結經驗，想一個「自由令人疼痛」的情境。

有人說，言論自由造成網路霸凌，也導致許多悲劇的產生；有人說，不喜歡學校管束，但出社會完全自由後，反而沒有方向。

你看，閱讀的知識是一個點。透過讀書會，慢慢把知識串成一條線。最後，我真正想要的，是讓孩子們把閱讀、生活、思考，連結成一張網。用這張網，捕捉人生的機會。

十七歲的文學獎評審

有首新詩在網路上傳翻了，就是林儀的〈注音練習〉（由「KIDO親子時堂」出版）。為什麼傳翻了呢？因為這首詩是二〇一八年林榮三文學獎的首獎。

剛好教到琦君的〈髻〉，這篇散文用髻，串起母親和姨娘的糾葛。而林儀的〈注音練習〉，則透過注音符號ㄅㄆㄇ，舉重若輕的寫盡母親的一生。

這樣的對讀太精采了！立馬設計一個簡單的教學活動。

我先向孩子們介紹林榮三文學獎，他們沒想到有文學賽事提供這麼高額的獎金。

接著，我讓他們讀這首〈注音練習〉，告訴他們這首詩價值十五萬，哦哦哦哦哦！鍍金的詩讀起來又是另一番風味。

注音練習

ㄅ是不，ㄅ很輕
妳說不安、不識字
但ㄅㄆ是不怕
不怕字寫得像蛇
在爬，ㄆ是爬
ㄇ是陌生，是祕密
妳偷偷練習讀字
妳慢慢瞇起眼是貓
ㄈ在發亮

•

ㄉ是弟弟、讀書

還有對不起
所以去是他不是她
她要被跳過
她要幫忙貼補家用
ㄋ是妳，接著ㄌ
妳是接著老去的她

•

妳說工廠是ㄍ
持續發出ㄎ
喀喀喀喀的聲響
妳撫摸舊針車
ㄏㄐ是痕跡
是很靜
ㄑㄒ是情緒

讓情緒棲息

‧

婚後，ㄓ是煮飯
ㄔ是炒菜
ㄕ不是食譜
妳說看不懂食譜
ㄕ是生小孩
妳熟記每個囗
每個熱鬧的日子

‧

ㄗ是子女成群
沒人知道妳不識字
ㄗ是字的空白
是自強號，探望孩子

是坐過頭是走失
所以ㄗ是漬，妳說
ㄘ是藏起
歲月ㄙ的過去
聲母就到這裡

•

妳背誦剩下的注音
還難以被聽懂
像一串咒語：
ㄧㄨㄩㄚ（以後、獨立、去、搭車）
ㄛㄜ（我、可以）
ㄝㄞㄟ（別擔心、矮人一截、累贅）
ㄠㄡㄢ（考駕照、郵寄、看書剪報）
ㄣㄤ（今天起、想這樣）

ㄥ（哼著夢想就像哼著哼著）

ㄦ（兒歌）

再來，我給他們一個情境。假設你是文學獎評審，評選出這首詩為今年首獎。現在，你要給參賽者一個解釋，為什麼它是首獎，你要怎麼寫「評審意見」，才能讓其他人心服口服呢？

其實說穿了，就是要孩子們寫新詩賞析。但差別在於，代換成評審視角，拉高格局，會讓孩子們跟著慎重其事。

我向他們解釋，最簡單的「評審意見」包含三個部分：分析主題、拆解技巧、點出評價。要當厲害的創作者不容易，但你可以先從當個評論者開始修練。

讓他們兩兩討論後，我就開始讓他們上台整理想法了。

「這首詩是在寫作者的一生。」均佑說。

「確定是寫作者的一生嗎？還有沒有其他可能？」我問。

「老師，我覺得是在寫女性的一生，在家族中不斷被犧牲，然後生兒育女，卻從未好好做自己。」佩勳接著補充說。

「非常好，你掌握到重點了。那有沒有人能告訴我，這首詩使用了什麼技巧？」

我接著問。

昀蓁舉手說：「裡面用了注音符號的聲母和韻母，讀起來特別生活化。」

「不錯，那聲母和韻母還有沒有什麼特別涵義呢？」

這回孩子們沉默了。

「如果從諧音來看，『聲母』諧音可以是什麼？」我繼續引導。

「生母！」有孩子發現了。

「漂亮！那『韻母』呢？是不是可以隱喻為『孕母』呢？」

哦哦哦哦哦！突然有一種起雞皮疙瘩的感覺了。

「說實在話，你們讀這首詩覺得通順嗎？」

他們搖搖頭。

「為什麼？」我沒打算放過任何能讓他們思考的機會。

「國語和注音夾雜，有點斷斷續續。」

「非常好，作者為什麼要這樣做？」

「是不是因為母親不認識字，用這樣的方式表現她練習認字？」子秦說。

「你抓到關鍵了！」我非常振奮。

「好的文學，懂得以此說彼，像琦君用髻來代表母親和姨娘的心結，而林儀則用注音來隱喻母親的一生。」我做了個總結。

文學不必高深莫測，只要一步步帶孩子們抽絲剝繭，他們就會發現，好的文學，是一道道美麗的謎題，等著我們，去解。

不怕他自學，就怕我們不會教

在座有「教散文焦慮」的請舉手！對不起，我舉手先。白話散文最常被國文老師對待的方式有三：最後再教、來不及教就自學、學習單發下明天收！為什麼會這樣，很簡單，因為我們不會教啊！

白話散文不像文言文，可以秀國學常識、文學史知識，以及各種生僻字的讀音，還有發思古之幽情。白話散文一翻開，呃，每個字都看得懂，我是要解釋什麼？

想說請大家唸一下課文，一看，夭壽，十頁啊！是要唸到海枯石爛嗎？只好就讓學生自學了。自學也是一種學習方式，但不是一種教法啊！讓學生自學，只能緩解我們的焦慮，但沒辦法解決散文教學的問題啊！

瞧你一副憂國憂民樣！那你說，散文要怎麼教？

與其說教，不如從如何備課談起，課備得有感覺了，自然也就想教了，不是嗎？分享我自己的散文備課方式：

一、圈反常詞

讀散文時，我習慣圈出「反常詞」。所謂反常詞，指的是與平常不同的用詞，那代表作者的「意圖」或「功力」。

舉一篇我最近在教的〈一方陽光〉，這篇是魔王課，王鼎鈞寫得非常好，好到我們老師怎麼教都自慚形穢。但別想太多，你就讀過去，一路把反常的用詞圈起來。再回頭想想，作者用這個詞的效果是什麼？

舉個例子，裡頭有一句：「任發酵的陽光，釀造濃厚的情感。」你會圈什麼？當然是「發酵」和「釀造」啊！為什麼？因為一般來說，我們會用照射來形容陽光，這裡卻用「發酵」，發酵和釀造應該是用來形容酒才對呀！可見，這邊作者想要讓你感受到陽光的醉人。

「圈反常詞」之後該做啥呢？很簡單，讓學生做「仿寫練習」，把反常詞拿掉，問他們還可以怎麼寫。以這句為例，或許就可以這麼寫：「任散亂的陽光，封裝濃厚的情感。」

散文教學，其實是另一種寫作教學。

二、畫有感句

接著，把你讀過去，有感覺的句子畫起來。幹麼？連結你的經驗哪！

比方：「時代像篩子，篩得每一個人流離失所，篩得少數人出類拔萃。」

我對這句很有感，所以畫起來，開始去想：這可以連結我的什麼經驗呢？

從句意上，我會去談戰爭帶來磨難，有人犧牲，有人成了英雄，一戰、二戰、國共內戰……

但跳脫句意來談，我會說「歷練」何嘗不是如此，你總窩在舒適圈，自然被篩除；你努力挑戰不適圈，總會超群。

然後就可以開啟你的回憶錄模式，講個三天三夜！

沒有啦！濃縮成兩三分鐘就好。

三、拆結構段

文本讀三遍後，你慢慢會有「白眼」技能，看出文章中查克拉的流動。

這時，你就要試著用自己的方式來拆解結構。通常，「幾個段落」會組成「一組意義」；而結構，就是由「幾組意義」所建構而成的。

以〈一方陽光〉為例，王鼎鈞最強的就是「造境」。我的拆解方式如下：

第一組意義：

刻劃四合房建築和黯淡氛圍，以凸顯一方陽光的溫暖救贖。現實是實。

第二組意義：

從母親口中道出：孫悟空說服御貓抓老鼠的傳說，點出看似幸福背後的苦難與委屈。傳說介於虛實之間。

第三組意義：

從母親的夢境，帶出盧溝橋戰爭爆發，帶給母親的恐慌與焦慮。夢是虛。

你看，結構不就這麼出來了嗎？

你一定會說：「歐陽老師，有這麼容易嗎？我就是拆解不出來啊！」

最後跟你說個比喻吧！爆文作品像啤酒，文學寫作像高粱酒。你讀我的爆文，就像喝啤酒一樣暢快，簡單、有趣、熱血！但你讀文學作品，必須像喝高粱酒一樣，倒點出來、加點水稀釋、小口啜飲，感受酒精入口後，直衝腦門的震撼。

多次、稀釋、入口、品啜，才是白話散文這瓶高粱的喝法啊！

你現在收看的是——詩林之王！

我迷上追《聲林之王》了！週末都會跟老婆準時收看，這是一個歌唱選秀節目。要知道，選秀節目出得快，也消失得快。跟HTC推出新機的速度一樣。所以能留在檯面上的選秀節目，必然有它獨到之處！《聲林之王》就是。

我特別喜歡這節目的情境，想像一下，在一片森林中，你會是哪一種動物？每個選手在參加初選時，都要戴著動物面具出場，介紹自己為什麼是這種動物。你可能來不及記住這位選手的名字，但動物的特質已深植你心。

從表達上來說，這叫「類比法」，我在《故事學》裡，有特別分析這招原理和運用方式，你有興趣再找來讀囉！

剛好國文教到「新詩選」，談紀弦的〈狼之獨步〉和白荻的〈雁〉，將這兩個詩人和兩首詩擺在一起，實在太有意思了。

紀弦是獨來獨往的狼。他開創現代派，提出「六大信條」，被很多人炮轟，但他無悔。狼既孤獨，卻也獨步詩林。

白荻是成群結隊的雁，跟四大詩社都有緊密關係，他就像個已經有社團卻還到處加地社的高中生，他是雁，懂合群，也懂圓融。

我突然想讓學生寫詩，即便考試不考，但這年紀，只有詩才能讓他們寫真實的自己。於是，我設計了一個「詩林之王」活動。

一、引動機：動物心裡測驗

我讓孩子們玩一個心理測驗，圖片裡有很多動物，我要他們選出第一眼看到的動物。這個心理測驗很準！至少我的測驗結果是。

心理測驗是萬年不敗活動，孩子們都可以在動物身上看見自己熟悉的影子。

二、派任務：以動物寫詩

接著，我讓他們寫詩，找出一種代表自己的動物，寫一首新詩，配上插畫。有了前面心理測驗的鋪墊後，他們至少有個動物的形象可以參考，詩歌離他們也比較不會那麼遠了。

三、猜身分：誰是詩林之王

最後，重點來了，我把孩子們的詩作收回來後，做了很關鍵的一件事：「挑出好作品，做成簡報」。然後在課堂上告訴他們：

「我挑出六位詩林之王，等一下我會給大家看他們的詩。你們要猜出他寫的是什麼動物？猜中得一分；還有，這首詩是誰寫的？猜中得兩分！」

孩子們都興奮起來了，躍躍欲試！

你發現沒有？這就是把新詩再變回心理測驗。讓他根據對同學的了解，猜猜看到底是誰寫的。就這樣，一路玩到下課鐘響，這片詩林仍欲罷不能。

誰說新詩離學生很遠？

當你用「心理測驗」烹調，再用「綜藝節目」調味，你會發現，新詩竟如此美味易食。

從素人到得獎詩人的祕密

「老師，那個，我得獎了欸……」

妍宇很興奮，但自己也不敢相信。

因為她第一次投稿，竟榮獲青年世紀文學獎新詩組佳作，獎金三千元！

來，先睹為快，看看妍宇這首得獎的詩吧！

我的避風港是加辣

你說
我的避風港是家啦
還有爸爸的肉圓
一定要加辣

為什麼沒有加辣？
我說老闆可能遺忘了
你不相信
打得
我直喊對不起

我說
我的避風港是加辣

因為媽媽的面顏
不再被踐踏

為什麼沒有家啦？
你說爸爸可能已忘了
我得相信
痛得
你直喊對不起

「哇！好厲害呀！一定是歐陽老師教得好！」

瞧瞧你，又往我臉上貼金了。其實根本不干我的事。

因為，重點不在教，而在引導，把自己當孩子們的「經紀人」，把他們當「明星」來經營。

重點不在教？

對，原因很簡單，因為我們的思維，常會受制於應試作文。再加上，其實多數老師根本沒比過文學獎，只好用應試作文教法來教，也許重文采、修辭、用典……這樣做，可以確保四平八穩，卻無法登峰造極。

那到底要怎麼做呢？

一、燃動機

我聽過一個段子：

「被選入課本的文章，很容易被學生討厭。」

並不是文章寫不好，而是它跟考試掛了鉤。

所以你得「燃動機」，就是在既有的文本下，適度和考試脫鉤。

例如教到新詩，除了跟他們談徐志摩、鄭愁予，我會聊聊在網路上活躍的詩人，或是一些爆紅的詩歌。

像是洪丹的〈勞工童話〉（收錄於《一點一點流光》），從時事切入，以勞資糾紛為主題，諷刺政府對於勞工權益的漠視。

來，節錄一段，讓你感受一下。

勞工童話

你哭著對我說童話裡都是騙人的我不可能
是你的幌子
也許你不會懂當你說勞基法修正以後我的
天空心心都涼了

#三小豬

用稻草蓋房子
颱風來
吹散了

用木頭蓋房子
被定為古蹟
自焚了

用磚頭蓋房子
縣長來
拆掉了

現在的我
跟大野狼住在一起
牠不願吃掉我

牠說房貸
還有很多

一起付
比較沒那麼久
社會更和諧了

我現在相信
從此以後
幸福快樂的生活

二、聽演講

我很愛聽演講，講者把他的專業剪輯成兩小時的精采電影，不看嗎？

我們老師很能講，但天天都得講，難免有種鄉土劇的既視感，觀眾難免失去新鮮感。所以，找人來演講吧！

我得承認，有時孩子聽完兩小時的演講，可能勝過我們講兩年的課。

所以教完新詩，談了洪丹，我就請詩人洪丹來跟孩子們演講，主題是：「斜槓詩人的詩悲秀」。

這場演講給孩子們最大的啟發是：詩不只是風花雪月，更該是社會的良心。

於是，孩子們學會，用諧音、意象、時事來寫詩。

三、找戰場

練習生課也聽了、技巧也學了，做為一個稱職的經紀人，接下來就是要幫他們接通告、找戰場。所以，我去找比賽，然後直接強迫全班參加，像是閱讀心得、小論文、聯合盃作文大賽、文學獎徵文。

很多時候，孩子們會怨聲四起，但我仍堅持要他們去比。

比賽不是為了勝負，而是透過比賽，你才會用更高的規格要求自己。

輸了比賽又怎樣？至少你留下作品，才不會在高三必須準備推甄資料時，卻發現自己活得庸庸碌碌。

很多時候，會全軍覆沒，像是至今我仍不解，為何上學期讀書心得比賽全摃龜？

很丟臉對吧？沒差，臉丟光了，才能卸下偶像包袱，歸零，調整，再拚！

四、掛勳章

得知妍宇獲獎，除了為她開心，別忘了「掛勳章」這個步驟。

什麼意思？你看戰爭片，英雄歷劫歸來，政府一定會在國人面前授予勳章。目的既是獎勵，也在形塑價值。

那文學獎得獎要怎麼掛勳章呢？

首先，全班朗讀。我把妍宇的詩做成簡報，一上課就投影在布幕上，請孩子們一起朗讀。朗讀完後，我問妍宇：

「來，除了有點尷尬，你的感受是什麼？」

她笑得靦腆，不若平時大剌剌，一時之間，她也說不上來，但我知道感動是滿滿的。因為，平常只有經典才會全班朗讀，而她的作品竟享有相同規格。

其次，延伸連結。我沒打算讓他們就這樣結束了旅程，因為下一段旅程的風景更迷人。

從洪丹的〈勞工童話〉到妍宇的〈我的避風港是加辣〉，都是運用新詩的諧音技巧來反諷時事，那還有沒有其他技巧呢？

有的，我解鎖另一個詩人任明信，挑了他的詩作〈好命〉（收錄於《你沒有更好的命運》）給孩子們讀：

好命

他還小
還沒學會說話
他穿著別人衣服
像塊小破布

他不會叫，媽媽
還不能自己出去玩
偶爾母親會陪他

拿美工刀在他的手上畫畫
畫長長的掌紋
寫父親的名字

母親和她的男人習慣
把菸熄在他身上
因為家裡沒有
菸灰缸

他還小，還沒學會笑
媽媽說他的哭聲
比別的孩子都好聽
但他沒聽過別的孩子哭
他以為哭

是一種禮貌

那天母親拿著斷折的桌腳
走過來說乖，不哭不哭
他就真的不哭了

他很乖，想問媽媽好多問題
在快要睡著以前

沒關係等我長大
長大再問吧

我說，除了諧音，還有一種技巧，叫做「冷靜的殘忍」：不帶情緒，用與本質衝突的言行來寫。像是「拿美工刀在他的手上畫畫」、「拿著斷折的桌腳走過來說乖」，就是這種技巧。

最後，授予勛章。我拿出兩本任明信的詩集《你沒有更好的命運》，一本送給妍宇，裡面寫了我對她的鼓勵，另一本放班級書櫃，勾起孩子們閱讀的渴望。果不出其然，一下課，任明信的詩集就被借走了。

我笑了笑，知道他們已經踏上，下一段精采的旅程。

其實，我們所要做的，就像是玩「旅行青蛙」，為他們打包行囊。記得準備：動機、演講、戰場、勛章。然後就別掛心了。

他們也許會不知去向，也許會飽經風雨，更可能遍體鱗傷。當你收到來自遠方的風景照，你會知道，這張明媚的風景裡，有快樂，有憂傷，亦有成長。

PART FIVE

從今以後，我們與平庸分道揚鑣

有趣的人，把乏味活成趣味

新書分享會結束後，我們搭計程車到新竹高鐵站。司機大哥一聽到我們要去高鐵站，開心得不得了，一直謝謝我們，說這樣他可以順便下班回家。

他笑得很燦爛，我很少見到這麼嗨的司機，於是我們聊了起來。

他說：「你知道我昨天載到誰嗎？給你一個提示，是大家都很討厭的人。」

我們開始亂猜，但始終沒猜中。

司機大哥看不下去，說：「多給你們一點提示，是個藝人，兩個字！」

蛤！藝人還可以當到大家都很討厭，到底是誰啊？

啊！我想到了。

「該不會是黃安吧！」我說。

「對！就是他。」司機大哥興奮的說。

他接著說：「我就跟他聊啊！我問他說，你為什麼那麼討厭某某黨？結果他告訴我什麼你知道嗎？」

我搖搖頭。

「他說，誰叫某某黨某某人，檢舉我逃漏稅，害我被罰一千七百多萬，搞得我差點破產，那個王八蛋！」司機大哥模仿得唯妙唯肖。

「更有趣的是，他到站後還要我幫他拍張照片，說要發在微博上，你看。」司機大哥把照片拿給我看，還真的是黃安，只是他手上拿著的書怎麼怪怪的，仔細一看，是本《毛語錄》。

欸……能成為全台最討厭的人，果然是當之無愧。

「還有一次啊！我載到前王品集團董事長戴勝益。」

「什麼！戴勝益你也載過！」我很驚訝。

司機大哥笑說：「對啊！我一眼就認出他來，問他說：『你不是戴勝益嗎？』戴董也大方說：『是啊！』

「然後戴董看到我的名字，好奇的問：『你姓遊？這是真的嗎？』

「我就說：『對啊！不然我們來打賭。』

「戴董說好，賭十客夏慕尼。」

「十客夏慕尼？」我驚呆了。

「對啊！後來我拿出身分證給他看，他這才相信。他二話不說，立刻簽了一張單子，要我直接拿到夏慕尼去兌換。」遊大哥笑著說。

還有什麼怪姓可以跟人打賭？快跟我說！

遊大哥愈說愈嗨，還跟我說他曾經載過談話節目《星海羅盤》的葉教授。

我問：「你們在車上聊什麼？」

「剛好教授在談事情，聊得不多，但倒是有聊到能量水。」

「能量水，那又是什麼？」

「就是經過葉教授加持的水，據說能消災祈福，帶來好運。你猜猜一瓶多少？」

遊大哥很懂得使用提問法來吊人胃口。

「一百？」我隨口說了個數字。

遊大哥搖搖頭，順手比了個六。

「六百？」我又再震驚一次。

真的有用嗎？我們討論著。也許，心誠則靈，尋求寄託，對身在困境的人而言，是一線曙光。

不過，我好奇的是，為什麼奇人奇事都給遊大哥遇上了呢？後來發現，他不帶成見，總保持著一顆好奇的心。莫名的就跟乘客聊開了，不管是普通人、怪咖、大咖，他享受這趟「一載一會」的緣分。

「啊！等一下會經過家樂福，今天心情好，我請你們吃鬆餅好不好？」遊大哥開朗的問。

蛤？我有沒有聽錯。「不用啦！你別破費了，早點回去休息。」我婉拒了他。

「其實也還好啦！之前有個日本遊客一早要到機場，沒吃東西，我還買了生魚片請他吃。他一直說『噢一喜！』。」

我不禁懷疑，他開車是為了生計，還是為了興趣？

不知不覺就到了新竹高鐵站，下車前，遊大哥問我：「你說你們來誠品辦活動，所以你是出版社工作人員囉？」

我拿出《飄移的起跑線》，遞給他一本：

「遊大哥，我是作家，這是我的新書，剛才在誠品是我的新書分享會。這本書送給你，謝謝你帶給我這麼精采的故事。」

遊大哥又驚又喜，直說謝謝，他沒想到下班前竟然還收到這份禮物。

我之所以送書給遊大哥，還有一個重要的原因，因為他很有趣。而有趣，就是一種才華。

很多時候，我們覺得工作很乏味，日復一日做著同樣的事。老師就是上課和下課，司機就是載客和送客，業務就是洽談和成交。當日子乏味了，我們工作的熱情也隨之消失。慢慢的，我們開始不斷抱怨、逃避、敷衍，好像是人家逼我們工作似的。可是，我們是有選擇的啊！

開計程車可以很乏味，但遊大哥把它變得很有趣。你說，因為他遇到的都是有趣的人哪！真的是這樣嗎？

其實不是的，是因為他願意主動跟客人交談，分享開車的趣事，在客人回應的同時，得到更多有趣的事。如果他都悶不吭聲，你覺得這些有趣的事，會發生在他身上、豐富他的生活嗎？絕對不會！所以我說：「**有趣的人，把乏味活成趣味！**」

我想，明天一早，遊大哥還是會繼續帶著滿滿的故事上路吧？在他的故事裡，我會是大咖還是怪咖呢？

相逢於武林，相忘於江湖

我被快遞大哥記住了，因為我老是害他無法使命必達。有時寄來的是桌遊，有時是書，偏偏，我白天上班總是不在家。

就叫他吳大哥吧。

「喂！歐陽先生啊！你在家嗎？」

「不好意思欸！我人在學校，你幫我先寄放在轉角的機車行好嗎？」

有時寄放在機車行，有時寄放在便利商店。

我們很熟悉彼此的聲音，但從未見過，因為一個老不在，一個老撲空。

就在半年前的傍晚，我從學校回到家，接到一通電話，那頭是熟悉的聲音：

「喂！歐陽先生啊！你在家嗎？」

終於這回，我在。

我在門口，看見吳大哥從送貨車下來，隨即搬起一箱貨，朝我走過來。他滿身是汗，氣喘吁吁，奔波了一天，沒想到收工前還有這麼重的貨。

這是他第一次看見我，那個老是讓他撲空的歐陽先生。

「喲，你就是歐陽先生啊！你這箱裡面是什麼啊？重成這樣。」吳大哥好奇的問。

「不好意思啦！常讓你白跑。因為最近想重讀金庸小說，所以直接訂了全套。」

「裡面是金庸武俠小說？」

「是啊！」

那瞬間，吳大哥的神情變了，神采奕奕了起來。

他說：「你知道嗎？我那時在外島當兵，日子很無聊啊！所以沒事就讀金庸小說，讀到欲罷不能，一本接一本……」

「真的假的？我也是欸！新訓時，我帶袖珍本的金庸小說去讀，鄰兵還搶著跟我借。常常是完整的去，最後四散的回來。搞得跟失傳的劍譜一樣。」我情不自禁的附和起來。

吳大哥愈聊愈興奮，順手點起一根菸，一吸、一吐，白煙冉冉上升，伴著回憶。

「後來啊！我兵當完了，整套小說我想帶回來也不方便，就留給軍中的學長了。」吳大哥瀟灑的說。

「你不會覺得很可惜嗎？」對於愛書如命的我來說，整套書送人我還真無法做到。

「哈哈，多少會啦！不過郭靖不是說嗎？『俠之大者，為國為民。』把好書送給同袍也算符合了吧！」

呃，這位大哥，這話是這樣用的嗎？

不過，說實在話，送得好，回憶你帶走，俠情就繼續傳下去吧！

謝謝金庸，你給了我們一片武林，讓我們在裡頭盡情長談、吟詠長嘆、悲憤長嘯，有時豪情陡升、有時兒女情長、有時同仇敵愾。

年輕時，我們曾是郭靖，嚷著「俠之大者」，撐起一股傻勁。後來我們遇見了些岳不群、看透了些左冷禪，發現武林沒我們想像的美好。於是有人跟了黃藥師，棄絕禮法；有人成了楊過，劈開禮教；有人活成韋小寶，遊走黑白。

世道讓某些人變複雜了，但複雜不代表我們遺忘了純真。我們仍會像張無忌那樣善良、像令狐沖那樣率性、像喬峰那樣執著。

他們說，人在江湖，身不由己。

有人用這話，為自己的墮落抹上一層無辜的保護色；卻也有人用這話，為自己的進取劈開了一片無盡的未來。

金庸大俠，放心的離開吧！你開創的這片武林，會繼續熱鬧著，等哪一日，我們相逢於華山，煮酒論劍，笑傲人生。

多少人的籃球時代從此缺了一塊

做了個夢，夢見柯比乘坐的直升機墜毀，我花了好長時間才真正醒過來，發現這不是夢。柯比真的離開我們了。他連離開的方式，都跟他告別賽拿六十分一樣，是如此的戲劇化。

柯比在很多人心中，應該是很矛盾的存在。有人說，NBA球迷只分兩種：湖人迷和反湖人迷。我很愛打籃球，在那段視籃球如命的年少。我曾渴望成為他，卻也排斥成為他。

高中時，男校唯一的娛樂就是打籃球。哪怕教室在五樓，下課只有十分鐘，我們還是衝到球場鬥牛。

我沒買球星鞋款的習慣，一來真的很貴，二來穿了也不會變厲害。但唯一特例給了柯比。那時我看上一雙鞋，買了穿去學校，同學告訴我那是2K4，柯比的鞋款。我說那怎麼沒想像中貴，他們告訴我，因為這雙是「貧民版」。

我心想，太殘酷了，鞋子竟然還有分階級啊！後來才知道原來是「平民版」。

不過說來奇怪，穿起這雙鞋，在場上，覺得腳步特別輕盈。球鞋摩擦地面，發出嘰嘰嘰的聲音，一個轉身、過人、起飛，手臂向天空延展，球準時抵達紐澤西籃網。

那時，我高三，轉組到一類班，我們班是出了名的籃球班，除了上課時間，都泡在球場。當時，班際籃球賽就是我們的「ＮＢＡ季後賽」，我們看得比大考還重要。

大家知道我球打得不錯，只是畢竟新轉，磨合不夠，就先讓我在場邊備戰。那一場比賽對上十八班，戰況激烈，頻頻互換領先。在終場前五分鐘，戰況依然膠著，沒想到，班上一位主力，主動下來換我上去。

柯比高中畢業就進了ＮＢＡ，對我而言，十七歲，成功高中的球場，就是我在ＮＢＡ的初登板。

成功高中四面環樓，所有人都在場邊樓上圍觀，看上去就像是NBA的觀眾席。

我穿著2K4走上球場，明明熱身到流汗，但為什麼手腳發冷？直到球傳到我手上，手腳才慢慢恢復了溫度，眼神從茫然轉為銳利。突進，換手運球，一陣熟悉的嘰嘰聲，換來對手定在原地的錯愕。球進！全場沸騰！

那場比賽，我得了八分，卻像柯比拿下八十一分般雀躍。那時，得分對我而言，就是自己在場上的價值。

我們最後打進四強，卻只以第四名作收。

柯比球鞋穿了，會不會變厲害，我不知道。但我知道的是，每個男生，穿上柯比的球鞋，就會相信自己做得到。

柯比給我們的，就是一種不服輸的信念。他說，第二名代表的就是頭號魯蛇。這話不是在否定個人努力，而是不留退路給自己。

大學我讀師大國文系，加入了系上籃球隊，開始接觸真正的籃球。不再像過去，只靠打三三練球技；我們練跑籃、八字、導傳、協防，學長告訴我們：

「籃球是團隊運動！」

「不要只看帳面上的數字！」

「進攻會失常，防守不會！」

從那時候開始，柯比在我們心裡，變成一種複雜的象徵，正反兩面都有。

當盤球太久，最後選擇自己出手。場下會大喊：「你柯比喔！」此時，他是自幹的象徵。

但如果手感發燙，怎麼投怎麼進，這時我們又大喊：「把球給柯比！」此時，他是可靠的象徵。

對，我們愛他，卻也怕隊友成為他。但關鍵時刻，卻又希望自己是他。心臟夠強、不手軟，一肩扛起勝敗的氣魄。

瘋狂打球的歲月過去了。曾經，我以為自己不能沒有籃球。但有了工作和家庭，籃球序位愈退愈後。直到有天，我發現籃球鞋舊了、肚子圓了，興起去體育用品店買鞋的念頭。

我一眼看到架上，灰紅配色的一雙鞋，鞋型刁鑽，如致命的蛇。我想像自己穿上它，在場上往返穿梭的身影。二話不說就買下它。結帳時，店員告訴我，這雙是柯比的黑曼巴鞋款。黑曼巴，是非洲最猛最毒的蛇，柯比以此做為自己的拚戰精神。

我很訝異，冥冥之中，竟再次穿上柯比的球鞋。

他專斷、自我、獨行；但同時，他也堅韌、努力、自信。

我們很幸運，活在有柯比的時代，可以喜歡他、討厭他、讚嘆他、吐糟他。我們會懷疑自己對夢想的執著，但沒有一個人會懷疑柯比對籃球的執著。他為我們示範夢想航道的啟航方式，連離世都還在航道的途中。

謝謝你，柯比，沒有你，「夢想」這個詞多麼虛幻飄渺。上帝既然缺了個後衛，那你就去幫祂一把吧！

比起走下坡，我們更怕名不副實

那天，我跑了一場由鳳馨姊主持的通告：廣播節目《財經起床號》，與主持人對談《關鍵行銷》。

這也是一個神奇的偶然，剛好我在「閱讀獲利讀書會」導讀這本書，遠流出版社的曼靈得知，便引薦我到鳳馨姊的節目談書。

鳳馨姊是非常知名的媒體人，不僅在各大政論節目評論時事，還擔任財經節目主持人。可說是兼具專業、知性於一身。能和這麼厲害的主持人對談，對我而言，是再興奮不過的事。

到了News98電台，鳳馨姊親切的出來迎接我，一直謝謝我願意來。你可以感受到她談吐的自信，卻完全沒有任何架子的親切感。

我們交流了對於這本書的觀點，也溝通了待會兒在節目上的搭配。接著，我送給鳳馨姊一本《飄移的起跑線》，請她多多指教。

她翻開書，看見我的題字：「因為我們不甘平凡，所以更要義無反顧。」玩味了一陣，接著笑著對我說：

「其實我不會說自己不甘平凡。」

嗄？怎麼說呢？

她接著說：「我會說要做最好的自己，因為這世上有太多厲害的人了，不管我們怎麼比，都還是平凡得不得了。」

「所以，我只告訴自己，要讓自己名副其實，撐得起我的每一個身分。」她闔上書本，氣定神閒的說著。

是啊！很多時候，我們在想的是如何更不凡，但不凡之後呢？會不會發現自己其實很平凡？換我開始玩味鳳馨姊的這段話。

就在這時，節目也準備要開始了。鳳馨姊先是播報天氣狀況，接著開始播報本日重點新聞，只見她手上拿著三四份報紙，上面圈滿了重點……那是需要多早起來準備？以及多快的彙整能力啊？

我還在讚嘆佩服，接著就來到「好書推薦」的單元。

「各位聽眾朋友大家好，今天節目要來介紹一本好書，叫做《關鍵行銷》。歡迎作家歐陽立中老師來到節目現場，跟我們一起談談這本書。」

「鳳馨姊好，各位聽眾朋友大家好，我是歐陽老師。」

接著，我們就開始聊起這本書。

說來奇怪，不論我怎麼講，鳳馨姊總能巧妙接招，時而延伸話題、時而另闢戰場，節目是現場直播，明明我該緊張，卻像跟朋友聊天那樣暢所欲言。

進入廣告時間，鳳馨姊剛好翻開《關鍵行銷》，我一看，裡面盡是滿滿的筆記。那一刻，我終於明白為何她能應對如流，因為她早把書讀透了。

其實，主持人大可不斷提問，讓來賓把書講完就好，不必把書讀得那麼扎實。但她是要讓自己名副其實的鳳馨姊。所以準備一檔節目，她把當天新聞全讀過了，也把整本書都讀熟了，這樣才能在節目裡，展現最從容專業的一面。數年如一日，她早已名副其實，但她一刻也不願鬆懈，因為她知道，哪怕只是不上心那麼一次，聽眾都會知道的。

節目結束後，我問鳳馨姊能不能拍她書上的筆記。她愣了一下，笑著答應了。

我拍照，是因為想提醒自己，不論自己在什麼位置上，都要用盡全力讓自己名副其實。與其擔心走下坡，我們更該害怕的是名不副實。

當你名實相副，未來根本沒有上下坡之分，因為你如履平地、身輕如燕，回首，原來早已漫步在雲霄。

對了，說件開心的小事，有網友稱讚我跟主持人默契很好，語調和接話都很得宜。哦哦哦哦哦！超級謝謝這位溫暖的網友啊！

失意時，更要給人鼓鼓掌

最近《奇葩說》有個段子超紅，辯題是：「畢業後混得很normal，要不要參加同學會？」

當然不要啊！去了多難堪哪！

好的，我聽見你的心聲了。但聽聽贊成要去的藝人傅首爾怎麼說。

「normal搞不好是你這輩子的巔峰，你現在不去，以後也沒辦法去了！」

哈哈哈哈哈哈！

「同學會是最有炫富儀式的高端飯局，你就帶著一張嘴去，吃好喝好，還不用買單，多好！」

哈哈哈哈哈！

「你沒去同學會，都不知道自己混得有多normal，但這特別有助於我修心。」

啪！我聽到你拍案叫絕的聲音了。

不得不說傅首爾太絕了，角度新鮮又妙趣橫生，逗得你哈哈大笑。

但我最有感覺的，並不是這些讓人捧腹的段子。而是傅首爾的結論：

「得意時，聽聽別人的掌聲；失意時，給別人捧捧場。人生海海，又何必在意一時浮沉。」

聽掌聲很容易，但要做到給人捧場，簡直違反人性。

當年那個考班上倒數的現在是CEO，偏偏你混得不怎麼樣，捧場嗎？

當年那個你看不上眼的同學，突然飛黃騰達，捧場嗎？

你突然發現，當別人起飛了，我們連說句祝福的話都難如登天。

偏偏，成功之道都是違反人性的。

我想起自己讀高中時，班上有位黃同學特別認真，每堂課結束後，一定去找老師問問題。

本來，別人問問題也不干我事。但是，人性嘛！自己不問，看別人問，總得找點什麼來掩飾自己的懶惰。所以我們幾個人就在那邊說：

「呴，每堂課都問，是有那麼多問題喔！」

後來，黃同學考了班上第一名。我們就說：

「每天只會讀書，考第一名又怎樣！」（奇怪，那你幹麼不每天讀書？）

是的，看著別人前進的身影，我慌，但不想承認自己輸，掩飾自己內心真實情緒最好的方式就是：

簡化別人的成功，美化自己的懶惰。

我欠黃同學一個真誠的讚美。

其實，如果當年我給他捧捧場，把心胸敞開，請教他怎麼做，或許結果就會不一樣。但我遲了十年才懂得捧場的道理。

那時，我們大學畢業，開始到處征戰考教甄。要知道，教甄錄取率有多低，只要有人考上，絕對成為當季傳說！說實在話，每次學校放榜，看榜的心情很複雜，既想看到熟悉的名字，又不想看到熟悉的名字。

對，前者是自己，後者是同學。

教甄殘酷的地方在於，前一刻彼此還是同學，下一刻就天差地遠。但總會有人先成功上岸，只是那人不是我，是班上的沛蓁。

表面上的祝福我們還是會做做樣子的，但說起要真心的捧場和請益，還真拉不下臉來。我好想知道她怎麼考上，但渴望和面子卻在來回拉扯。

嘉芸看我扭捏不定，直接幫我打了電話給沛蓁，她誠摯的恭喜沛蓁，再說明致電原因，把電話轉交給我。

「欸，沛蓁……我歐陽啦！恭……喜……你考上正式教師，真的……太……厲害了。我……可以……請教你……是怎麼準備的嗎？」

我發誓，我從來沒有那麼鄧艾（編按：口吃）過。但在捧場對方成功的那一刻，我發現自己自由了。再也不用找理由安慰自己，取而代之的是，向強者找方法茁壯自己。

「歐陽，謝謝你的祝福，當然沒問題啊！來，我跟你說……」

電話那頭，新科狀元沛蓁把所有的祕訣和方法都告訴我了。

後來，歷經幾場考試後，我竟然也順利在當年考上正式教師。

這時我才明白，不管得意或失意，都要真誠的給人鼓鼓掌、捧捧場。在你捧場的那瞬間，你的心才會向那些強者敞開，強者也才能把內力灌注給你啊！

這麼簡單的道理，高中時的我不懂，多蹉跎了十年才領悟。

但其實也不是我們不懂，只是我們無法適應，由「平起平坐」到「有前有後」。

放下那份扭捏與面子，真誠的為身邊的強者朋友喝采吧！

為他捧場，你會發現，他也在為你的人生暖場。

你該拚的不是輸贏，而是氣度！

有人天生喜歡拚輸贏，他對世界的理解是：贏者全拿。

但真正的高手思維是什麼？辦場嘉年華，一起當贏家。

我的人生導師許榮哲，是華語首席故事教練，他的著作《故事課》、《小說課之王》更是紅透半邊天，讓他一舉成為年度暢銷作家。

曾有人問榮哲，如果有一天，學生比他紅，會不會搶了他的飯碗？結果你猜榮哲怎麼說？他回以：

「學生比我紅，不但沒搶走我的飯碗，反而讓我看見更大的世界。」

這句話，值得你放在心上一輩子。

有些人，是靠防著別人在活，藏一手、不鬆口，活得像在防賊，人家也心知肚明。所以他就守著那口井不放，別人也不會告訴他哪裡有綠洲。

真正的高手，被敬重的不是技術，而是海納百川的氣度。

榮哲曾對我說過一個故事，讓我印象特別深刻。

那時，他的《故事課》上市，他去對岸做新書演講，負責幫他做開場的，是個叫小張的年輕人。演講前，小張問榮哲：

「老師，我對說故事也有些研究，可不可以給我講半個小時？」

榮哲覺得OK，就讓小張講。這一講，不得了，榮哲發現，這小張牛啊！講得口沫橫飛、妙趣橫生。榮哲說，這是第一次，讓他心生危機意識。

這哪裡是暖場？簡直是喧賓奪主了。如果你是講者，人家這麼做，你該怎麼辦？

小張講完後，換榮哲接過麥克風，聽眾還沉浸在小張的演講裡，幾乎忘記自己到底是來聽誰演講的。

這是最尷尬的時刻。但你知道榮哲怎麼說嗎？

榮哲這麼說：「我發現，主辦單位根本在逗我嘛！找一個比我厲害那麼多的人開場，害我聽到入迷，忘記自己是來演講的。讓我們以最熱烈的掌聲，謝謝小張帶來的演講！」

掌聲如雷，給的是小張，但更多的是給榮哲的氣度。

後來小張告訴榮哲：「老師，我遇過很多高手，但你是我見過最有大師風範的。」

原來，小張很強，但也自視甚高，他給自己封了個號，叫做「首席故事官」。很多人跟小張談合作，最後都破局了。因為比起合作，小張更像在跟你拚高下。

小張找到機會搶了榮哲的場子，但當榮哲用服輸的方式，大大讚美他的實力，反而讓小張心服了。

高手在乎的，從來不是高下，而是創造更大的天下。

榮哲說：「他教會我做自己，我教會他做人。他說讚美這招是跟我學的。」

事實上，我骨子裡流著競爭的血液，我很怕輸，怕得不得了，所以任何事我都是不要命的去拚，以前是籃球，後來是桌遊、接著是演講和寫作。可後來，我發現贏了別人不會讓我快樂，之所以想贏是我沒安全感，贏了才會讓我有安全感。

但換種想法，有沒有可能大家一塊贏呢？

後來，我讓自己養成一個習慣，只要我去演講，就會推薦主辦單位還有哪些好講師；或是當我無法接某個案子，就會告訴對方有誰比我更適合。

相信我，當你把優秀的人推上檯面，不會使你失去舞台、增加競爭者，反而會讓這個舞台更熱鬧，也會有更多觀眾願意買票進場。

這就是一起把市場做大，而不是擠在巷弄裡互毆。

或許你會說，如果真的被人搶走飯碗怎麼辦？那就只能怪我技不如人，去練，讓自己變強，再來。

我們必須夠強，強到足以超越競爭。

你該拚的真的不是輸贏，是氣度。

別見不得別人好，那不會使你更好；要因別人比你好而雀躍，那代表你還有成長的空間。

高手跟你想的不一樣；想通了，恭喜你，前方的路，也就通了。

被投訴了？恭喜你！

在網路上看到兩篇讓我感慨的文章。一篇出自「不敗教主」陳重銘，另一篇是葉丙成老師寫的。

先說不敗教主那篇好了，過去他在高職任教機械科，因為長期研究投資理財，在校內組了投資理財社，造福很多學生。後來，因為他投資有術，出版社爭相邀請他出書，於是出了好幾本投資理財的書，市場反應非常好。

結果你猜怎麼了？

他被有心人投訴，說高職機械科老師怎麼能出書教人理財呢？這是老師兼外務謀利啊！

請問你怎麼看？

再來說另一篇，丙成老師是台大電機系教授，非常關注教育議題，尤其是閱讀素養。所以他與國珍老師合作，用遊戲化的方式，讓學生可以透過遊戲來閱讀，遊戲名稱叫「PaGamo」。只要訂購遊戲，就能讓更多學生受惠。當然，兩位老師知道偏鄉經濟狀況不好，所以也常會無償贊助他們PaGamo。

結果，某個群組聊起這件事，有人留言說：「他（葉丙成）是生意人，跟黃國珍是一夥的！」言下之意，就像是說他們靠教育斂財似的。

再次問你，你怎麼看？

我身邊有許多非常優秀的老師，除了本身學科，都有自己的特異功能：他們專精簡報、學習、理財……但他們在學校過得戰戰兢兢，好像他們真實身分是漫畫《名偵探柯南》裡的怪盜基德一樣，一旦被揭穿，就會遭到逮捕。

原因很簡單，你愈證明自己有能力在學校以外的世界生存，就愈容易被扣上「不務正業」的帽子。

這其實很悲哀。

為什麼？

我想請問你，教育的目的是為了什麼？

不就是為了教給孩子「學以致用」的能力嗎？讓他未來出社會，抬頭挺胸，無視22K的殘酷現實。但是，有趣的來了，怎麼證明你教的東西能夠「學以致用」呢？你得先證明自己的技能，經得起「市場考驗」！有人願意為你的技能買單，為你的知識付費，為你的價值傳播。

可是偏偏，這是一種灰色地帶，一旦你證明了學以致用，就會有人來投訴你，說你在校外圖利！

我必須說，就是這些人在扼殺教育的可能性。

我不反對投訴，投訴機制有其必要。但不知道你發現沒有，會去投訴的人，不外乎兩種：第一種是看見你不好，第二種是見不得你好。

第一種基本上沒問題，如果老師打混、帶班有問題，影響到孩子，那投訴絕對有必要。但第二種呢？基本上他們的心態就是覺得你多賺了，看不順眼，所以投訴你，因為你得跟他們一樣平庸才行。

記得有次我看《奇葩說》，那一集的辯題特別有意思：

「如果我們給做好事的人發紅包，你同意嗎？」

以我們的直覺來說，肯定是不同意的。做好事給紅包，不就把好事變得功利了嗎？那份善意的純粹不就變質了？

這是我們的傳統思維。

可是辯士秋陽說得好，他是贊成做好事領紅包的：

「為什麼這個世界需要好事？那就是因為我們沒有辦法直接解決這個世界背後的問題啊！」

「為什麼好人不能領賞？因為我們期待的好人不能及時行樂、不能貪圖名利，好人必須純粹、必須高尚、必須悲壯。」

「好人過得不好，他有審美上的價值；但好人過得好，才會有社會上的效益。」

我聽到這段，心頭一驚！

一來，我覺得論述太精采了！二來，我發現把「好人」代換成「老師」，竟然完全符合現在教育的困境。

承認吧！

我們想要怎麼樣的老師？

是不是最好是那種：犧牲自己、不求回報；最好還願意無償加課、把時間全部奉獻給學生？

如果這位老師有特殊技能，免費分享給所有人，我們說他是杏壇之光。但如果這老師的特殊技能需要付費才能學到，我們就說他功利市儈。

是啊！老師過得不好，才有審美上的價值。可是，換作是你，你願意當這種老師嗎？自費學習、無償付出、犧牲自己……

如果你都不願意了，憑什麼要求別人這麼做？滿足你的審美欣賞嗎？

所以，真正有特殊技能，能教會學生「學以致用」的老師，他們會怎麼辦？

一開始，他們會在學校裡努力撐著，把這些技能傳授給學生。證明考試之外，有更重要的能力要學。漸漸的，他們飽受攻擊，有些是善意的提醒，更多的是令人心寒的投訴。

終於走到這一步了，他們獨自在夜裡輾轉難眠，思考著下一步該何去何從。他們熱愛教育，但教育不見得容得下他們理想中的教育……最後，他們可能會離開學校，去接受真實世界的淬煉。不是因為賺得少，而是因為他們知道：

要老鷹教小鷹飛，卻把老鷹的腳綁上鍊子，那天空永遠只會是布景。

他們渴望的是真正的天空，可以真正帶著那群小鷹，展翅高飛。

所以，若你身懷絕技，卻憂心忡忡的跑來問我：「我被投訴了，怎麼辦？」

我會對你說聲：恭喜！因為這代表你的絕技已經通過市場考驗，離真正的天空不遠了！就看你願不願意，展翅高飛。

別懷疑！這張信用卡回饋金最高

常看見有人討論，哪張信用卡最划算？有的贏在現金回饋，有的贏在電影優惠，有的贏在停車免費……所以，很多人乾脆辦好幾張卡，直接把好處一網打盡！

這麼做很聰明，卻也不夠聰明，為啥？因為他漏了最重要的一張信用卡沒辦。這張信用卡，可是目前回饋金最高的！

你說：「有這麼好的事？快說快說！」

有點道德包袱的，會說：「歐陽老師你變了，竟然業配信用卡！」

事實上，我沒收業配費，因為我從這張信用卡賺到的，早遠超過業配費了。

這張信用卡叫做「夢想信用卡」！

你別跑去Google啊！查不到的，因為這張卡只有少數強者在刷。

我知道你很好奇，什麼是夢想信用卡啊？先從一段往事說起好了。

一直以來，成為暢銷作家是我的夢想。後來，我終於出了第一本書，叫做《桌遊課》。我興奮極了，心想離暢銷作家不遠了。

新書發表會那天，我想像整個書店坐滿滿，而我簽書簽到手軟的畫面。邊想，還邊咯咯咯的笑。

終於，新書發表會開始了，現場滿滿的……十個人。其中五個是小孩，另外五個是他們家長。

小朋友可能以為我是什麼親子台的水果哥哥，跑來要找我玩遊戲。我喜歡小朋友，但沒準備出道當水果哥哥，我想當的是「暢銷作家」啊啊啊！

我發現，自己與暢銷作家的距離，似乎還好遠好遠……

從此，我展開招搖撞騙的人生。

每當人家請我去演講，問說要怎麼介紹我？我都跟主持人說：

「你就介紹我是暢銷作家！」

我第一次說這話時，感覺心跳加速、臉色發紅，這是吹牛？唬爛？還是扯謊？我其實分不清楚，但我想讓大家就這麼認為。

我遇到的主持人，都是好人，就介紹我是暢銷作家；我遇到的聽眾，都是菩薩，也就這麼相信了。

第一次講自己是暢銷作家，我臉紅心跳；第二次講，我仍微微不安；第三次、第四次、第五次後……連我自己都信了。

是的，我向所有人刷下了這張夢想信用卡，購買的品項是「暢銷作家」。

但你要知道，信用卡為何叫信用卡？因為銀行相信你的信用會還錢啊！同樣的道理，我的聽眾們，也相信著：他們曾聽過暢銷作家演講。

我接下來要做的，就是想辦法還清卡債，讓他們腦海裡的我，名副其實。

我逼自己瘋狂閱讀，研究市面上暢銷書怎麼寫？學作者筆法、背下每則金句、轉述精采故事。

我逼自己每天寫作，有靈感時寫創意教學、勵志雞湯；沒靈感時就轉發別人文章、寫寫書評影評。

這樣持續了兩年後，我迎來了人生第一篇爆文：

〈為什麼要學習？人生起跑遊戲〉

破三．六萬人按讚，一．六萬次分享！

這讓我贏得第二本書的機會，於是《飄移的起跑線》就這麼問世了。

有了先前經驗，我知道別對新書發表會抱太大期待。

但這回，我又錯了，因為新書發表會那個晚上，金石堂龍顏講堂塞爆了，我差點擠不進去。

看到滿室暖心的讀者，我不禁熱淚盈眶。

我騙了他們，但他們卻願意等我，直到還清卡債的那一天。

直到第三本書《故事學》出了，這筆暢銷作家的卡債，才算正式還清了。

喏！還清的收據給你看，證明這次我沒唬爛。

半個月印量七千五百本，以及新書發表會那天，那條無盡的長長人龍……

我一本一本賣力的簽，努力跟每個讀者聊聊天，說說我們彼此的故事。

因為我知道，他們是最佛心的債主，而我，是刷爆夢想信用卡，一點一滴，認真還債的吹牛作家。

學了就試，最差不過是成長

「學弟，你真的很大膽！」乃誠學長對我說這話時，我感受更多的是讚美。

對，面對七十多人的教師研習，談閱讀和表達，我把剛學的AL加速式學習，全部用上。採取共創式的學習，而不是消耗式的講述。

你猜結果如何？整場研習，我設計的課程，讓老師們很忙，忙著跑活動、忙著討論、忙著省思應用，連算期末成績的時間都沒有。

為什麼乃誠學長說我大膽呢？

我想，那是因為他沒想到，在擾人寒假的備課研習，我竟然能調動全場，讓老師們移駕尊臀，聊聊寫寫又貼貼，沒有一個人能置身事外。

不過，我真的大膽嗎？一點也不，我怕死了。我怕沒人理我，我怕活動冷場，我怕控場失敗。但我知道，只要因為怕，而用了安全的老方法。那麼，我花四萬塊學到的寶，就真的拿去打水漂了。

其實，我們愛學習的人，都會遇到一種障壁，叫做「失敗障壁」。你學了心動，想想感動，最後回家不動。

你說想要突破舒適圈，找回年輕時的冒險精神，卻選擇走一條最安全的路——老路。於是沿途沒有驚喜，有的是你倒背如流的風景。你的生命多半時間在回憶，但回憶來回憶去，總還是那些舊照片。

以前我也是這樣的，畢竟愈熟練的技術愈好掌握，但講到後來，覺得自己是錄音機。蒼白單調，沒有絲毫的變化。

後來，我告訴自己，學到了，當天寫心得，一個禮拜內就馬上用，最差的結果不過是成長。效果不好，你才知道哪裡要調整；反應很差，你才知道知識也要斷捨離。這些都讓你變得更強大，畢竟，成長從來就不是舒適安穩的。

我在竹光國中的寒假共備研習，砍掉我過往滔滔不絕的風格，大膽採用ＡＬ加速式學習技巧：

以「神燈許願」帶學員的問題意識；

用「誠品書店」引導選書策略；

再透過「尋寶遊戲」教領讀技巧；

中場以「臉書牆」讓學員回顧反思；

最後則用「學習發表會」讓老師們自己設計學習活動。

三個小時，一轉眼就在指縫間溜過。結束後，瑞雯組長告訴我：

「歐陽老師，這是我們辦研習以來，老師們參與度最高的一次。」

那一刻，我激動不已。

前一晚跑影印店印紙卡，跑美術店買噴膠、紙膠帶，回家備課到兩點，老婆陪我剪紙卡到三點，早上六點半我起床，準備出門。我喜歡這樣用力奔跑的自己。

後來我才發現，**我們花最多時間的，不是做，而是找理由不做**。真正去做，熬個夜，一天不到就搞定了；但怕做，就要花很多時間，找理由讓自己過得去。什麼我還沒準備好啊！其實這方法不見得好啊！幹麼把自己搞這麼累啊！變了學員也分辨不出來啊！

你不累嗎？找理由的時間，都可以再多補幾個小時的眠了。

呴，累了，好險我省下找理由的時間，可以開心過年和補眠了！

國家圖書館出版品預行編目（CIP）資料

就怕平庸成為你人生的注解／歐陽立中著. -- 第一版. -- 台北市：遠見天下文化，2020.04
面； 公分 --（教育教養；BEP055）
ISBN 978-986-479-982-4（平裝）

1. 生活指導 2. 人生哲學

177.2 109004792

教育教養　BEP055

就怕平庸成為你人生的注解

作者 —— 歐陽立中

總編輯 —— 吳佩穎
人文館總監 —— 楊郁慧
責任編輯 —— 張彤華
美術設計 —— 謝佳穎（特約）
內頁排版 —— 張彩梅（特約）
校對協力 —— 邴啟菁（特約）

出版者 —— 遠見天下文化出版股份有限公司
創辦人 —— 高希均、王力行
遠見・天下文化 事業群榮譽董事長 —— 高希均
遠見・天下文化 事業群董事長 —— 王力行
天下文化社長 —— 林天來
國際事務開發部兼版權中心總 —— 潘欣
法律顧問 —— 理律法律事務所陳長文律師
著作權顧問 —— 魏啟翔律師
社址 —— 臺北市 104 松江路 93 巷 1 號
讀者服務專線 —— 02-2662-0012 ｜傳真 —— 02-2662-0007；02-2662-0009
電子郵件信箱 —— cwpc@cwgv.com.tw
直接郵撥帳號 —— 1326703-6 號　遠見天下文化出版股份有限公司

製版廠 —— 中原造像股份有限公司
印刷廠 —— 中原造像股份有限公司
裝訂廠 —— 中原造像股份有限公司
登記證 —— 局版台業字第 2517 號
總經銷 —— 大和書報圖書股份有限公司 電話／(02)8990-2588
出版日期 —— 2020 年 4 月 30 日第一版第 1 次印行
2024 年 1 月 5 日第一版第 12 次印行

定價 —— 380 元
ISBN —— 978-986-479-982-4
書號 —— BEP055
天下文化官網 —— bookzone.cwgv.com.tw